NIHSANGO ISHWAR

mahindra Rise

META MAHINDRA EXCELLENCE IN THEATRE AWARDS

NIHSANGO ISHWAR

English & Bangla Language

Soham Gupta • Suman Saha

VANI PRAKASHAN GROUP

First Edition : 2026

vaniprakashan.com

mahindra Rise

META MAHINDRA EXCELLENCE IN THEATRE AWARDS

VANI PRAKASHAN GROUP

Head Office

4695, 21-A, Daryaganj, New Delhi-110 002, India
Phone : +91 11 23273167, 23275710

Registered Bookstores and Offices

Ashok Rajpath, Patna-800 004, Bihar
Coffee House Campus, Mahatma Gandhi Marg, Prayagraj-211 001, Uttar Pradesh
Mahatma Gandhi Antarrashtriya Hindi Vishwavidyalaya, Wardha-442 001, Maharashtra
sales@vaniprakashan.in
vaniprakashan@gmail.com

Nihsango Ishwar
by Soham Gupta, Suman Saha

ISBN : 978-93-7348-146-3
Play

Price : ₹ 199

Printed at R. Tech Offset Printers, Delhi-110 032

Vani Prakashan's signature motif is created by Artist Maqbool Fida Husain

NIHSANGO ISHWAR

NARRATOR|| Namaskar! Namaskar! Namaskar!

Put on the lights please.

Namaskar! I know that you all have come here to watch Drama, naturally, it is a place for that particular purpose.

But trust me we are not here to do any drama.

Yes! I have heard too that people outside announced this as a play performance, titled 'Nihsango Ishwar', pardon me! 'The Lonely God'?

But believe me, I am not here to do any drama.We are here just to chat with you, just chitchat, to interact with you all a little.

And how come this 'lonely'... that 'loneliness'... what for?

No, no just tell me, anyone of you alone here? you, me?!! How can we be?

I'm here with you all...You all are here with me... And they, my musician friends are here with us.

Then how can we be alone here? We can't right!

But the very fellow who was about to be the centre of our gossip today, was so alone during that particular time;

Yes, lonely...no friends, no relatives, no comrades not a single person was by him, not even an enemy, such a loneliness!

It's heard that while getting drowned, all the memories...haphazard...broken, start to be screened in front of your eyes.

Similarly in his internal vision so many random... shattered images, many many sounds...voices were coming up; so many pictures, incidents were flashing upon his numb eyes.

While sinking down in the deep of dark gloomy memories suddenly a very familiar voice resonates nearby...

Na ca māṃ tāni karmāṇi nibadhnanti dhanañjaya |
Udāsīnavad āsīnam asaktaṃ teṣu karmasu ||

[Shloka from ShreemadBhagawat Geeta]

KRISHNA|| Yes! these very words were told to *Arjuna* in the battlefield of *Kurukshetra*.

Indifferent...indifference...who is going to take the burden of my indifference...Who is going to inhale the venom of my loneliness?.. You, the Time Eternal? Here approaches the end.

The final fragment of this life yearns to unite with the ultimate. This frail vessel of flesh and bone is now ready to embark upon its last voyage. Only a few hours remain. He is coming, *Jara*, the hunter...With ears highly alert, taking subtle most steps, holding his bow stretched loaded with an anxious arrow.

Come...come...come...*Jara*! Behold, the rest of my energy is seeking to be dissolved in the void of indifference. But alas! Where is that? Indifference...the moment I close my eyes even now, countless visions rise unbidden, so many sounds jumbling up in my ears, so many achievements, so many destructions, creations, leisure, all the broken visuals from the past incidents are coming to blur my vision. My childhood, my youth, my middle age all stand along mocking at me, as if saying- 'See you fool! how have you wasted all your time!'. Kinsmen, brothers, your family, your clan all are extinguished and this have been said all these are just your playfulness. No.. no...no..it's not mere playfulness...you are guilty, you are responsible for all these massacre. Otherwise your elder brother *Balaram* while he was leaving his earthly body putting an end to his earthly *karma*, it was so graceful!! all the *Nagas*, *Vasuki, Prithushrava, Kunjar, Mishri, Kumud, Shankha, Takshak, Pundarik* even lord *Varuna* went along with, but You, the greatest of *Yadavas*, the *Purushottama* waiting all alone in the midst of this dense, dark forest.

Hey, can you hear, dear Lord! Is the sound not banging into your ears? One of the unique achievements of your divine life!—

Hatajñātirhatāmātyo hataputro vanecaraḥ |
Kutsitenābhyupāyena nidhanaṃ samavāpsyasi ||

(Sanskrit verse depicting Gandhari's curse towards Krishna)

Oh Mother, my wretched mother *Gandhari*, I have been bearing each and every word each letter of your curse for my entire life since you uttered it. Mother you said—

"*Krishna*, this is the harvest of all your wilfulness, in this vast field, all the vultures and dead-eaters, the rows of bitterly wailing widows, this unbearable stench from innumberable pyres, half-burnt corpses... The mother of hundred sons is miserably alone today. It's all because of your damn autocracy, your ruthless sovereignty. If this mother, a mere puppet of yours has earned least merit, then by that virtue, today this *Gandhari*, the wife of *Dhritarashtra* cursing you that one day all the women of your clan, your family will tear down the sky with their tremendous scream, and will fill the horizon up, all you *Yadavas* will commit evil-doings. Their sin will be fratricide to perish themselves out from the earth. And you, the Master of the rarest heavenly qualities! Incarnation of the divine! Lord *Krishna*! One day this godly costume will be ragged, and you will be killed like a mere animal."

Mother, your curse has been echoed line by line, phrase by phrase in the pages of my life. I'm just waiting for the final part of your curse to become to true; he is coming Mother from the other end of the forest, every moment the sound of his steps are being more audible. Come... Come.. *Jara*, here your aim is waiting much eagerly to embrace your arrow.

But you, Mother *Gandhari*! you unnecessarily used your words to spell the curse out, I already knew all these. Who else but I could destroy the *Yadavas*. The way they were trained and developed their skill to construct an army called *Narayani Sangsaptak*, it was impossible for any deity, human being, *Gandharva*, *Rakshas*, *Naga* to defeat them, only they were able to kill themselves. Yes! I knew it by my knowledge, my foresight, my power, my talent, my capacity, my misery, my depth, my hollowness, my agony, my wisdom... Yes! your wisdom, that is the source of all your misery.

NARRATOR|| This is absolutely unfortunate for we Indians that we hardly know about this Man. You just tell me where do we see Him? Where have we placed Him? In temples, on wall paintings, on calendars, several pictures, on the packets of incense sticks, printed on cushions, T-shirts and on your palms scrolling down or up so closely! Closely? Really or…

Most of the modern educated people even some Historians think that the life of *Shree Krishna* is nothing but a folklore or imaginary novel. Well leave those academicians, tell me what are the images emerge in your mind as you hear the name '*Shree Krishna*'? What? Butter, Flute, Peacock feather and dancy beautiful young ladies..right! Yes all these were there in his life but for a very certain period of his youth.

According to the researchers he had a long lifespan of 106 years out of which only a few years of his childhood he enjoyed a loving life at *Gokul*. But after that when he went to hermitage of sage *Sandipani*, sage *Garga* and he went through a hard discipline of education he maintained a strict celibacy, do we ever think about that very period or do we even try to know what all he learnt, which subjects he became skilled in, that he achieved the place of a king-maker of *BharatVarsha*! No! We are least interested; we only like gossiping about all playfulness with beautiful maidens cause that is our comfort zone!

And this very man after mastering all sixty four arts and crafts, after becoming highly educated in all sectors of knowledge, while being crushed underneath the wheel of the politics of his country, perhaps, used to yearn to go back to his childhood days the golden time of his life with all his loving friends in the lap of *Yamuna*, with the greens of *Gokul*, in those days full of charming dance & music...

Bhaje vrajaika-maṇḍanaṁ samasta-pāpa-khaṇḍanaṁ
sva-bhakta-citta-rañjanaṁ sadaiva nanda-nandanam
su-piccha-guccha-mastakaṁ su-nāda-veṇu-hastakam
anańga-rańga-sāgaraṁ namāmi kṛṣṇa-nāgaram

Adharaṁ madhuram vadanaṁ madhuram
Nayanaṁ madhuram hasitaṁ madhuram
Hṛdayaṁ madhuram gamanaṁ madhuram
Madhurādhipater akhilaṁ madhuram

Manoja-garva-mocanaṁ viśāla-lola-locanaṁ
vidhūta-gopa-śocanaṁ namāmi padma-locanam

karāravinda-bhūdharaṁ smitāvaloka-sundaraṁ
mahendra-māna-dāraṇaṁ namāmi kṛṣṇa-vāraṇam

Vacanaṁ madhuraṁ caritaṁ madhuram
Vāsanaṁ madhuraṁ valitaṁ madhuram
Calitaṁ madhuraṁ bhramitaṁ madhuram
Madhurādhipater akhilaṁ madhuram

Bhuvo bharāvatārakaṁ bhavābdhi-karṇadhārakaṁ
yaśomatī-kiśorakaṁ namāmi dugdha-corakam
dṛg-anta-kranta-bhańginaṁ sadā-sadāli-sańginaṁ
dine dine navaṁ navaṁ namāmi nanda-sambhavam

Veṇur madhuro reṇur madhuraḥ
Pāṇir madhuraḥ pādau madhurau

Nṛtyaṁ madhuraṁ sakhyaṁ madhuram
Madhurādhipater akhilaṁ madhuram

Gītaṁ madhuraṁ pītaṁ madhuram
Bhuktaṁ madhuraṁ suptaṁ madhuram
Rūpaṁ madhuraṁ tilakaṁ madhuram
Madhurādhipater akhilaṁ madhuram

(Lyrics From Shreekrishnashtakam & Madhurashtakam)

KRISHNA|| Ohh! Please stop it! Stop this useless nonsense. Can't you see, my ultimate untouched destiny is so close to me? Why are you calling me back! You damn memories! From the early youth of my life I have been attending the duties keeping aside all leisure.

Those lines of mine told to *Arjuna* in the battlefield! That's nothing! My dear *Arjuna* became overwhelmed, stoned..Thus I just poured some magical words, shared some experience digging out my untouchable, unique source of loneliness. But as the *Amrita* came out at the end of the great event of *Samudra Manthana*, where is the *Amrita* of my life at this ending dusk?

Feeling too tired now…Please don't call me anymore. Come oh my ultimate nectar, from this corpse free your rays of consciousness, your wisdom- the source of all my pain, unbearable baggage! Has anyone ever asked...?

–"*Krishna*! What happened to you? What's your pain, why do you look so sad? Come on Krishna! Tell me...tell me what do you want? What do you wish to do…? You want some refreshing wine? Some delicious roasted deer meat for you? Want to listen some soothing delicate Music? Do you want to play with your daughter and sons? Want to travel..? Go..go..have a refreshing ride! Take my horse along with, leap over those distantly hills, jump into the rivulet, swim, get tired and just sleep under a tree! Who will restrict? No one.."

Yes! No one asked like this; My father! King *Ugrasen*! My wives! Great *Bhishmadev*! Wise *Vidura*! You *Dharmaraaj Yudhishthira*! My dear *Arjuna*!? No no…No one! Just like a bullock born in a farmer's place I was predestined to pull the plough..and I did that throughout my life… The seasons passed, thinnest rivers got flooded, ice melted came down, met the ocean, vaporized, turned into clouds and again came down as rain... But my ploughing like a bullock continued at any cost. I just ask you Lord Krishna, why this restless running? Can't you stop thinking yourself to be the best, greatest!? Oh alas! The greatest superhuman, Supreme, the ruler of the hearts of all *Gopis*…now just alone, loneliest. Waiting for death, Death! The ultimate, the un-assumable guest! When, how he will come that's too known to you! Cause you are Lord, incarnation of the God! The holder of six heavenly qualities-'*Bhagwan*'!

NARRATOR|| One thing you know *Bhagwan*! By the blessings of the historians of our country and definitely the mythological story writers and obviously the Vaishnavite poets, your life has just become a fairytale! Another chapter of Arabian nights..just spicy, sensuous like anything! And that's why the modern people of your country, the people educated in western system think *Shree Krishna's* life as an uncanny mere story for kids; it's not their faults. Throughout the whole epic *Mahabharata* I don't see the character of Krishna having any difference from the other characters.

Mahabharata, the fabulous epic which highly embellished the diverse, magical aspects of life, it is very normal to have characters with mysterious and strange qualities as allegory. Say like, the great *Bhisma*, who had the power of dying by his own wish, death would come to him, only if he wish! We don't have such power, you & me, so this is supernatural, right? And that very person, what's the name...? who was a great threat for our *Krishna* throughout his life... Yeah! *Jarasandha*! if you tear out *Jarasandha*'s body into two parts and throw them out, he had that power to get into life again. See! Isn't this unbelievable, supernatural.. strange?

Then if young *Krishna* defeats some evil beings, kills a few dangerous creatures, why we need to push him to be the 'God'? Are all these enough to make him 'God'? No!

Actually, while *Yudhishthira* arranged *Rajasuya Yagna*, during that great event the wise and eldest *Bhisma* suggested to give the primordial offerings to *Krishna* only. And from that very time he has been given the position of God throughout this great Epic *Mahabharata*.

Now, God!.. God!... God!...We are often obsessed with this word, no? Tell me, what does it mean? This word 'God' what does it even mean? what is God? Who is God?!

I know some of you think God is Lord, so must be a Man, majority think like that, no? Some of you think, God is *Devi*, so 'Woman'...some will say God is one, some people say two..many say it has forms, many say it's formless, some say it's divine, some say it's dangerous, some say useless...! If we just keep all these aside & try to look into the etymology of the word *'Bhagwaan'*, we can simply find two parts that is *'Bhaga'* & *'waan'*, now tell me what's the meaning of *'Bhaga'*, no...no...no, here '*Bhaga*' doesn't mean *'Yoni'* or vagina...actually as we know in the well cultured ancient languages the root words have different meanings depending on the way of it's application, like the word *'Go'* in Sanskrit , doesn't only mean cow, but 'Go' has several meanings , it means 'the earth', 'the organs', 'the tongue' also 'the cow' etc. That way here *'Bhaga'* means the six divine qualities... what are those?!! They are *'Saundarya', 'Vīryavattā', 'Jñāna', 'Niṣprīhata', 'Yaśakīrti' and 'Mahātmya'!.*

Now these qualities are neither inborn nor ancestral for someone, that you will automatically get it from your father as legal heir. One have to attain and achieve these as he did, by cultivating his own life, following the method of the way of living by inculcating it, giving the extract of his personal life drop by drop for the larger life around. This way he rode the path of becoming finer, greater as human being and finally got worshipped as 'God'.

Guñjā madhurā mālā madhurā
Yamunā madhurā vīcī madhurā
Salilaṁ madhuraṁ kamalaṁ madhuram
Madhurādhipater akhilaṁ madhuram

Gopā madhurā gāvo madhurā
Yaṣṭir madhurā sṛṣṭir madhurā
Dalitaṁ madhuraṁ phalitaṁ madhuram
Madhurādhipater akhilaṁ madhuram

[**Verse from** *MADHURASHTAKAM]*

KRISHNA|| Ohhhh... Stop.. stop this nonsense! You stupid fellows, I never desired this throne of God, this Godly glory, but the destiny...time...the circumstances made my life... Destiny! whoever is able to avoid one's destiny?

Being born as a human we all have to follow the destined path of the mortal life...Our doings , its reasons & its results its cycle, no one can avoid all these...otherwise, I wished to live a simple life too, Yudhisthira, who was like my elder brother, I prayed to him, on the day of the great event of RajsuyaYagna- "*Dharmaraaj*, *Dharmaraaj* I have a plea to place before you. I do request you to give me the opportunity of washing the lotus feet of the Brahmin guests arrived in this auspicious event, without any hesitation please assign me the duty, I want to offer this very service to your guests."

Yudhisthira became surprised, *"what are you saying Madhav*! You, the king-maker, hero of the heroes, *Dwarkadhish* have you been offended?" He was anxious, sensing that I might have been insulted and might leave them. He was perplexed, "We have always been unable to understand your plan, Keshav! That is the duty of the servants! Please, tell me what is the reason of that very utterance? You, the backbone of our success, you only have made this supreme event possible. All our actions are completely designed by you. Any disgrace done to you by us?!..Have we unknowingly hurt you?!"...

Yudhishthira, the most composed, wiser than the wisest, you too misunderstood me, I didn't wish to get the position of the Lord... Your great grandfather *Bhisma*, with his wise perception announced that no one amongst the great Kings, Brahmins not even himself but me, *Krishna,* should get the presidential post. Am I the motivator? Am I...the initiator of all deeds?!

The event where I wished to be treated as trivial as a grass, by the intriguing conspiracy of the cruel destiny

I had no choice but to become a killer. The auspicious yard of *RajasuyaYajna* got impure by the sinful blood of that *Shishupala.*

This way throughout your life the destiny wrote the plots. In fact a tiger cub though getting brought up with the flock of sheep never forget the character of its blood, anytime the sharp nails will come out of its claws and the canine will flash out on demand of the situation.

One must remember that I came from a royal family, I hardly care who counts me as the God or about any charismatic Godly being, I only know my veins used to carry the blood of a warrior. I am fully exhausted of running restlessly like a chariot wheel in the race of politics by attending the duties one after another.

Hey, you ancestor of the rulers, yes, you used to carry the royal blood but being brought up amongst the milkmen and merchants of *Gokula* was not at all a curse for you but a boon indeed, you just effortlessly got introduced with the social structure of your country, you easily understood the power-practice, the political graph of that time...

Still you forest, the witness of my ultimate loneliness, you..you the tiniest of the grasses, believe me I have always wished to live a smooth regular life of a common man...

Oh really! then why that blindness of ambition and your superiority complex drove you day & night?

Aah alas! Those life of ease, the serenity of the land of *Brij*, how smoothly we used to spend our days with no anxiety, no tension.. seems to be a dream nowadays..the grassland of *Brij*, the shepherd boys used to call far from the field, "come on Kanai, join us..." Abundance of green, boys & girls full of youth, no hurry to return home.. in the bank of the ever friendly *Yamuna*.. Oh! when the sunrays used to reflect on the dew drops, diamond of the grasses! Where then all these political deeds were! Assassination of *Kamsa*! Where was the battlefield of *Kurukshetra* then! Who thought of the demolition of *Yadavas*! Nobody was the lord of *Dwarka* then, where was defeating the enemies! Bathing in the blood!...only *Yamuna*, the quite, serene *Yamuna*, the soothing bank of *Yamuna*, our loving *Yamuna*...

Candana-carcita-nīla-kalevara-
pītavasana-vanamālī

Keli-calana-maṇi-kuṇḍala-maṇḍita-
gandayuga-smitaśālī

Haririha mugdha-vadhu-nikare vilāsinī
vilasati kelipare

Pīna-payodhara-bhara-bhāreṇ harim
parirabhya samāgamam

Gopa-vadhur-anugāyati kacid-udañcita
pañcama-rāgam

Haririha mugdha-vadhu-nikare vilāsinī vilasati kelipare

Śliṣyati kām api cumbati kām api kām api ramayati rāmām

Paśyati sa smita-cāru paramparam anugacchati vāmām

Haririha mugdha-vadhu-nikare vilāsinī vilasati kelipare

[Verse from *GeetGovindam***]**

Where are you?...Where are you?...Where are you all now?!! You all illusions of love and affection. Come down from those nonsense falsified poetry. Come and see, your most desirable, the lord of your heart is all alone in this cold dark forest, waiting for his death to come, lonely. Come if you are...no no..no, vague, mere illusions all you are, as vague as false as your Lord.

NARRATOR|| Sorry, what have I just said?! I am Sorry! I should not have used the word 'False'. False have no existence if there is no realisation of truth. In this damn democracy, have we ever been able to judge truth or false, separately, justly? And under those ever changing colourful flags haven't we buried plenty of truth and false together in same coffin?

Otherwise how have we evaluated a life this rich?.. You know *Kanai*, actually a life which is so vast has many a vast achievements, and with such vast achievements there come manipulation, addition..alteration, by your countrymen, your successors. And who can guarantee that this manipulations will stick to truth always?!

This is the reason why *BankimBabu*, by *BankimBabu* I referred to *Bankim Chandra Chattopadhyay*, the emperor of literature said with great regret that-"Hat's off to those myth-selling poets and *Vaishnavites* of mediaval period!, you are portraying a person as characterless, lumpen, pervert whom you have already depicted as divine, as God! What is the reason behind? Some cheap business trickery!" Our *BankimBabu* realized that some *Krishna*-haters conspired against this respectable enthusiast figure, the greatest of the great leader and portrayed such illicit acts and erotic stories of lustfulness in the form of *Leela*-songs to fulfil their own interest, and eventually we the slave of logical intellect, the modern people, educated under westernized method of education believed those rumours as the fact of Shree Krishna's life.

Yes I admit *Kanai*, that there was a time when it was absolutely essential to wash this land out with the devotional movement; the earth, wind, water of India and the hearts of the Indians were needed to be drenched with devotion. After the long extreme torturous, dark mediaeval period, yes it was required to purify this land with the fire of devotion but for that should anyone need to paint the life of this great figure with such erotic, ugly stories?!! Isn't it disrespectful for him?!! After using it if you just throw a broom to the drain its unjust right?! Same way if you place it on your bed alongside that's also very wrong. Unjustly glorifying or degrading both are actually insults, to describe someone more or less than what he or she is, both of these are wrong, insulting, disgraceful.. isn't it?!!

Don't know, I might have said a lot, sorry for irritating you, I didn't intend to say all these, am just an ordinary actor, I don't even understand all this things, I came here to interact with you as few questions arose in my mind like-'What was he?' 'Who was he?' 'Where was he?' 'How was he?' I didn't come to perform any play or to do some acting...Acting! that's really very tough, I hardly know anything about it. Oh yes! He did that, he had been doing that throughout his life, acting, playing in several different roles. Sometimes he dressed up as mischievous butter stealer, the dearest son of *Yashoda* and *NandaRaj* and then ran along the vast grassland of *Brij* as the shepherd boy, sometimes became the saviour of the people of his village, killed the *Kalia*, and sometimes acted in the role of a furious wrestler to kill *Kamsa*, sometimes as the Lord of *Dwarka*, sometimes performed in the role of the charioteer of *Arjuna*, sometimes being the pivotal controller of the Indian politics, sometimes as a philosopher...But, while playing these many a characters he perhaps, secretly nurtured his *Radharamana* image, deep inside his heart.

KRISHNA|| Radha...! The ever flowing hidden stream of my heart, such deep affection, such attachment, such love in spite of these all why had you not hold me tight making me yours only?!! *ShreeRadha*! How have you let me go away, breaking your heart, why you bade me farewell?!!

Kuru yadu-nandana candana-śiśiratareṇa
kareṇa payodhare |
Mṛga-mada-patrakam atra mano-bhava-
maṅgala-kalaśa-sahodare ||
Nijagāda sā yadu-nandane krīḍati hṛdaya-
nandane ||dhruvapadaṃ||
Ali-kula-gañjanam añjanakaṃ rati-
nāyaka-sāyaka-mocane |
Tvad-adhara-cumbana-lambita-kajjala
ujjvalaya priya locane||
Sarasa-ghane jaghane mama śambara-
dāraṇa-vāraṇa-kandare |
Maṇi-raśanā-vasanābharaṇāni śubhāśaya
vāsaya sundare||

[The Lyrics of GEETGOVINDAM]

Oh alas! Hey you famous poets of the era another, how far your great, rich poetries have discovered me? Could they at all fathom the deep of my heart?

How close have you looked into my life? How far have you been kept!!

I am just a sacrificial offering, a dutiful oblation to the fire. Exactly similar to the impetuous horses of the battlefield whose vision is restricted with the leather cap. My love, my admiration, my playfulness are false, all vague. But what could I do? Suppression of the evil, observance of the discipline! Did I really do that?

To accept death helplessly or to kill in defence? Which one is more desirable? It was destined that *Baka, Pralamba, Dhenuka, Keshi, Kaliya* all these assassins will be killed by me.

Either kill or get killed. Also in the time of *Kamsa's* assassination I was sent as a murderer by the influence of the circumstances. Mother! Mother *Gandhari*, the daughter of King *Subal*, I'm also a puppet. A toy in the hand of each circumstance, every single moment. Am not a God, made out of stone, am a human being too. In spite of all yogic knowledge this piece of flesh and blood can come under the threat of Lust or Anger, Greed or Madness, Envy or Illusion at any moment.

Who?! Who's there?! *Rukmini*, oh! I eloped you. In the very early hour of my political career when I had no plan at all to knot a tie of marriage, that very time, getting your letter I just took a crucial political decision in the name of following my duty.

Satyabhama... Satya... my proud magnificent beloved, I wanted to get burnt into your blaze just like an insect rushing towards flame. I had questioned myself...

finally commanded- "Dear! see, it's twilight already, get down from the horse now..." But ahh God, on that moment, *Shatadhanwa* ...your young lover... how mercilessly I killed him without considering anything, that sober... neither boy nor a man... Hah! *Satyabhama* marrying you, getting you in my life was as surprising as my destiny is.

Possessed *Rukmini* by eloping her, conquered *Satyabhama* shedding the blood of *Shatadhanwa'*, *Jambawati*, you embraced me with the garland of flower at your father's defeat, no that was not an embracement of love but a victorious celebration of the male ego. I don't know what have I expected from you, you women? little entanglement? little warmth or the heartiest bliss? Are you the walking stick to an exhausted traveller? Are you thirst or the rain drops to quench it? A crystal clear shiny lake you are? Or else the ever-thirsty fire bedded desert, want to absorb all the *karmas*. I hardly understood you, oh women, it seems to be a trap sometimes, mesmerizes my consciousness, a dark magical spell that numb my senses, my secret desire like some immensely powerful shining jewels, make me blind! But alas! Oh you love, why couldn't you swipe me away from all my duties? Why you failed to give me restfulness?

Hey! you poor poets, you have seen me as a flamboyant flirtatious romantic hero; what have you got by doing that? Alas! you idiot poets, have you ever realized! Me, myself, just a deployed horse, in the battlefield with vision blocked to be unidirectional, who only knows to accelerate, who only knows to cover miles and miles galloping vigorously with trained indication, it only knows hunger, basic needs, doesn't matter who is riding on it's back, it hardly cares about any pretty face, gestures of affection, game of romance, the subtle nectar of the highly embellished eyes of a young maiden!

Aah! *Krishna* what are you doing? In this deadly solitary, sitting near to your death, you are giving indulgence to these nonsense thoughts? A female face? A female body? Huh! What's that actually? Mere assemble of five elements, a playhouse of five subtle-mosts, combination of form, touch, taste, sound, smell! Some bones, blood and flesh that's it. Glamour? That's mere grooming, an artificial garden of some essence, perfumes, some paints, some colours, accessories... nothing else! As a matter of fact stool, urine, blood, bone-marrow, phlegm, bile these are the inner truth of you too, you women! When will you understand? Why don't you want, to accompany the stream of intellect? ...to be a sharer of realisation? ...to become the companion to the pure consciousness? ...to become the dearest disciple? I have only looked for her at each turn and corner of the complex allies of my life, with irresistible thirst of *Krishna*...

Krishnaa! *Panchali*! why are you stepping in the yard of my thoughts in this wrong time? No no..no !*Panchali*, I don't want to think about you, go away. You are not a mere woman to pass time or to make pleasure with. You are not at all my secret desire too. You are a very special friend of mine, so I am yours. Yes in the journey of philosophy, science, education, art, culture, aesthetics, ethics you might have been my best companion. But no! for a greater political cause sacrificing you was more important, obvious. Go..go....please go away *Panchali*, I don't want to think about you.

Oh the vast, dense forest, you birds chirping in the nests, please tell me…tell me honestly, this very life which has just flashed away performing some acts of love, lust, fight, leisure, anger; A life, entangled in politics and diplomacy, It could have been otherwise no! Some other way, perhaps like that soothing flow of my *Yamuna*...

NARRATOR|| No! No..no..no... How was that possible? like that *Yamuna*? Hah! Just remember *Kanai*! You were not being satisfied by that childhood games and boyish adventure of *Brijbhumi* anymore, because you were getting matured gradually, getting filled with elderly enthusiasm, your blood was full of rebellious current then, your rising maturity inside was ready to take the leap to challenge all the old, stagnant beliefs. You were dreaming to construct a greater *Bharatavarsha*; incorporating *Bharata* and nine other surrounding *Varshas* to make an undivided *Jambudweepa*! It was one of the most important prime steps to prove to be equivalent with the very sub caste of the Aryan race who were named after *Deva*, and used to live in a place named *Antareeksha* at the south east of the *Ilavritavarsha*! And thus, the first dare you did by ordering-"Stop worshiping *Indra*".

"What are you saying Son!" *Nandaraaj* became stunned.

"How can you tell me to do so? How can I break a tradition which has a very deep connection with the emotion of the people of *Brij*? As the headman of *Brij*, am little more responsible than you. Yes.. yes.. I know that everyone here loves you from the very beginning, you are their heartthrob, their hero. But what fight you have with the festival of worshiping *Indra*? Why are you opposing this religious tradition Son?"

KRISHNA|| If I say self-obsession, father! Yes! Self-obsession, now at the threshold of my life-line while counting the rest few moments so eagerly, those ambitious acts of young age seems to be very immature, those rebellious movements seem really unnecessary. Yes! I wanted to build an undivided *Bharatvarsha*, dreamt about one united *Jambudweepa*, and that's why I wanted to swipe out some superstitions from people's mind. So I used my super self-confidence, and so-called heavenly charisma to glorify humanity through a process of disillusionment of my people. And I... in respect to that time, wasn't an honest, transparent protestor?

NARRATOR|| Oh! I see, really! honest, transparent, protestor! Hm? Worshiping Lord *Indra* was stopped. But what was the consequences? Tell me? Could you succeed to spread your rebellious vision from door to door? Could you ring the bell of revolution in the heart of each and every *Yadavas*? Could you at all be able to spread the warmth of the revolution in the lives of the *Yadavas* and pull them out from the leisurely lethargy by breaking their perpetuated hibernation? Could you even awaken them up? Could you hatch their humanity out?

No! You couldn't. Completely unsuccessful you were, you great leader! The rotting corpses of the *Yadavas* there at the shore of the *Prabhasa*, is the irrefutable evidence of your failure. You couldn't bear the scene! So escaped, right? And has taken refuge in this dark forest. You escapist! You eccentric man. Admit that, out of your madness you executed all these deeds after deeds. With the hyper confidence you just ran from one end to another of this land. Always wanted to fly high like a mighty aviator. Wanted to bear all the burdens of the world on your shoulders. Got shattered, crashed, stressed, wretched still you held that sweetest smile on your face- *'Adharam Madhuram'* ...and tried to proof worldwide that you are Unique! Wonderful! Daring! Fearless!

Ha! Ha! Ha! laugh Krishna laugh aloud, the lies you always wanted to believe about yourself, see through them, unveil yourself today! Fearless? You?? Who was always afraid, worried about his family, parents, brothers, citizens and even terrified for himself, Lord! Otherwise why did you have to escape from *Mathura*? With everyone, leaving that green, fertile land of *Brij*, why all the *Yadavas* fled to the far shore of the western ocean? Say.. say.. say..tell me…speak out you Lord!

KRISHNA|| Aah! *Jarashandha*, the great warrior, the king of Magadha, what a powerful vast army you had! In a dual fight putting on the armour, following the rules, ethics of a combat it was impossible to kill or at least defeat you for me, the Lord! Your enormous valour brought all the changes in the life of *Yadavas*, inevitably changed their habitat. *Jarashandha*! Hundred times I had had to dig the mud of conspiracy, had to weave so many webs of darker politics to defeat you. And in the game of politics, you now, nothing is unethical. This way I used to supply solace to my mind. Oh! In the midst of my eventful life, you *Jarashandha*! Today I must admit I was frightened, highly envious about you. Hiding somewhere, not so close, I used to experience your victory lap like the vigorous dance of a daring war-elephant, I used to be stunned, turn pale by an unknown threat! And also used to get amazed by your royal presence! But you know, The king of *Magadha*! on top of everything I had been bearing a deadly feelings of insecurity for my relatives, my elder ones, my ancestors, brothers, my citizens, the maidens, and even for the prostitutes of the city. Who else will know better these chapters of failures of this man behind the mask of his popular Godly image!... Aah! those sleepless nights! In my great glorious life, *Jarashandha* was like a stigmatic kick! and like a hidden thorn it always made me bleed inside.

And like this, throughout my life these two contradictory poles of my existence used to tear me out, I became a self-depressor. Here, the godly images, imposed by people and my social behaviour to satisfy them and on the other hand my own free will, my keen longing for liberation, between these two my heart was always got tormented.

NARRATOR|| Yes! Tormented! Broken! A shattered person you are!

KRISHNA|| I am the eternal time! I myself the destiny!

NARRATOR|| You are only a trivial human being!

KRISHNA|| I am the omnipresent, *Purusha*! Amongst the audible I am *'Aum'*, the best!

NARRATOR|| You are just a naughty shepherd boy!

KRISHNA|| I am the thunder! The beginning, present and the end!

NARRATOR|| You are confused, mirage-driven, an aimless traveller!

KRISHNA|| I am the Lord! The shelter, cosmos and chaos too!

NARRATOR|| You are alone, alone.. all alone...a lonely flutist!

KRISHNA|| All elements are born out of me. I am the Sun, the Moon, the Vishnu!

NARRATOR|| You are a simple milkman, taking care of the calves!

KRISHNA|| I am the Himalaya! All the forces are myself!

NARRATOR|| You are an immature, non-calculative, emotional lover!

KRISHNA|| I myself the *Vedas*! The cause of life and death!

NARRATOR|| You are very very very very a common man!

KRISHNA|| I am the Lord of air, knowledge and water too!

NARRATOR|| You are just a creature, controlled by desire and lust!

KRISHNA|| I am the ultimate verdict, the root of ethics, I am silence!

NARRATOR|| Begger.. begger... You are a begger!

KRISHNA|| I am the only receiver of all offerings! I am the Shiva!

NARRATOR|| You are a cruel villain, tricky and clever!

KRISHNA|| I am the best prosody! Both struggle and victory!

NARRATOR|| You are a dicey autocrat; dangerous killer!

KRISHNA|| I am the rituals! I am the scriptures... All the Lands! I am the purest!

NARRATOR|| No.. no.. no, dishonest, impure you are!

KRISHNA|| I am the source of all, cause of everything! I am the Ultimate!

NARRATOR|| Yes! Yes you are that ultimate traitor who always declared himself as neutral, who doesn't do partiality in any occasion. You always declared yourself, as indifferent, untouched. Is it? Really Krishna? indifferent, untouched.! Didn't you promise that you wouldn't touch a single weapon in the battle of *Kurukshetra*, but you broke your promise and ran cruelly to kill *Bhisma* holding up a chariot wheel. That honourable elderly *Bhisma*, who's insult once made you burst out in anger; you continuously conspired to plan out that very *Bhisma's* end. Is this the sign of your divinity?

KRISHNA|| Ah...Aah..! Do not distract me you merciless memories! Do not..do not anymore, in this solitary, so close to my death, let me be indifferent! This wretched heart is no more able to bear pride, remembering all my achievements. I am not an incarnation... at this threshold, I wish to kill all my Godly images. I am not a 'God', am not a stone made deity, may be a mere actor playing in the role of God, a human being, a common man who has it's family, who had to bring up his children, had to be calculative like a skilled cashier, had to be frightened by the enemies, had to be insulted by the relatives! ...Yes.. Yes..*Kritavarma*! The *Yadava* warrior so easily he blamed me, "Betrayer, traitor you *Krishna*!" Yes! I can remember what a poisonous fire was erupting out from your eyes... your voice. *Kritavarma*, your hatred was much more real than the baseless devotion of the *Vaishnavite* poets.

How can I ignore my responsibility for all the ill-doings, arrogance, misdeeds and destructions by the *Yadavas* in the shore of *Prabhasa*. I have to admit that it was a wrong decision to give the *Narayani* army in the favour of that cruel *Duryodhana*, during the preparation of the battle of *Kurukshetra*. It was absolutely known to me that all the warriors of the *Narayani* Army would be annihilated and killed during the battle...knowing all the consequences, within a moment I determined a harmful by-product of war, a large number of ill-fated widows! Oh! Mother *Gandhari*! my self-esteem, my ego, my superiority complex would highly support your curse to come true today!

When already known incidents start to take place in front of your eyes then that very pain can burn out the highest possible detachment one can achieve. With all my power what I had tried to construct and protect, the glory of the *Yadavas*, that very *Yadava* clan has finished themselves. My heart wants to bury all my foresight power. I don't want to see any future! I don't want to precognize anything, I'm least interested about the further fate of the *Yadava*-women, I don't want to imagine about the dogly hooligans and womanizers all over, I don't want to understand...I don't want to think about the deteriorating power of aged *Arjuna*, I don't want to know any result! any outcome! The rows of the pyres I used to see in my nightmares for last thirty six years, the scene of that massive burning *ghat* which ransacked me all along those sleepless nights; today the demolition of the *Yadava* clan has finally put those fires out.

How can destiny be denied? With the power of my limited humanly capacity I have just tried to fulfil my duties. May be I'm unsuccessful.. or successful may be.. I don't know... You, my ancestors, you will evaluate. You will evaluate my *Bharatavarsha*. I am exhausted; come... come you deep sleep...Come *Yogamaya*...Sail out your boat of restfulness. Take me through the ocean of silence. Stay well you people! Stay well my country! Stay well

Universe! Stay well you God! And forgive, if you can, this very man who have been performing in your role throughout his life.

Come *Radha*.. *Aradhika*.. make me complete!

Vāsānsi jīrṇāni yathā vihāya
Navāni gṛihṇāti naro 'parāṇi
Tathā śharīrāṇi vihāya jīrṇānya-
Nyāni sanyāti navāni dehī

[Shloka from Shreemad-Bhagavat-Geeta]

- 'Feturing Suman Saha & Chandrani Sarkar'
- 'Production & pic courtesy: Bengal Repertory'

- 'Feturing Suman Saha & Chandrani Sarkar'
- 'Production & pic courtesy: Bengal Repertory'

- 'Feturing Suman Saha & Chandrani Sarkar'
- 'Production & pic courtesy: Bengal Repertory'

- 'Feturing Suman Saha & Chandrani Sarkar'
- 'Production & pic courtesy: Bengal Repertory'

নিঃসঙ্গ ঈশ্বর

-: রচনা :-

সোহম গুপ্ত ও সুমন সাহা

কথক।। নমস্কার! নমস্কার! নমস্কার!

কই? একি! আলো কই! আলো আলো আলো জ্বালাও!

নমস্কার! আমি জানি আপনারা এখানে নাটক দেখতে এসেছেন, এখানে তো সবাই নাটক দেখতেই আসে। কিন্ত আমি মানে আমরা এখানে নাটক করতে আসিনি। শুনলাম বাইরে লোকজন প্রচারও করেছে, নাটক- 'নিঃসঙ্গ ঈশ্বর'! কিন্ত বিশ্বাস করুন আমরা এখানে নাটক করতে আসিনি। আমি এসেছিলাম একটু গল্পগাছা করতে, একটু আড্ডা-আলাপ এই আর কি...

আর কিসের নিঃসঙ্গ...কিসের নিঃসঙ্গতা! আচ্ছা বলুনতো আপনারা কেউ নিঃসঙ্গ? কিকরে হবেন? আমি আপনাদের সাথে আছিনা? আপনারা আমার সঙ্গে আছেন, আমার এই মিউজিসিয়ান বন্ধুরা আছে আমাদের সাথে। আমরা কি কেউ এখানে নিঃসঙ্গ? না, তো?

কিন্ত যা নিয়ে মানে যাকে নিয়ে আড্ডা মারব ভাবছিলাম সেই মানুষটা, সেইসময় বেজায় নিঃসঙ্গ! একা... কাছেপিঠে কোনও বন্ধু, আত্মীয়, পরিজন... এমনকি দূর দূরান্ত অবধি একটা শত্রু পর্যন্ত নেই; এতটাই একা।

শুনেছি ডুবে মরবার সময় পুরনো স্মৃতিরা এলোমেলো চলমান চিত্রের মতো ভেসে ওঠে চোখের সামনে, তেমনি তাঁরও মনশ্চক্ষুতে ভেসে উঠছিল ছেঁড়া ছেঁড়া কত ছবি, বেজে উঠছিল কত শব্দ, কত কণ্ঠস্বর। স্মৃতির অতলে, অবচেতনের গহনে ডুবে যেতে যেতে কানের পাশে খুব চেনা কণ্ঠে কে যেন বলে উঠল-

ন চ মাংতানি কর্মানি নিবধ্নন্তি ধনঞ্জয়।
উদাসীনবদাসীনমাসক্তং তেষু কর্মসু।।

কৃষ্ণ।। সমন্তপঞ্চকে, কুরক্ষেত্রের মহাক্ষেত্রে সখা পার্থের প্রতি এই বাক্যবন্ধই তো উচ্চারিত হয়েছিল। উদাসীন – উদাসীনতা, আমার উদাসীনতা? অনাসক্তি? আমার উদাসীনতার দায় কে নেবে, আমার একাকীত্বের শ্বাস? মহাকাল, তুমি? অন্তিম সময় উপস্থিত। প্রাণের অন্তিম নির্যাস বিন্দু উন্মুখ পরমের মিলনে, দেহতরী প্রস্তুত অমোঘ উজানে শেষ যাত্রার তরে, ক্ষণিকের অপেক্ষা মাত্র, আসছে সে, জরা ব্যাধ। উদ্যতকর্ণে চকিতচরণে টানটান ধনুকে ব্যগ্র শর খুঁজছে তার লক্ষ্য। এসো এসো জরা...দেখো, আর এই প্রাণ চেষ্টা করছে উদাসীনতার গহনে মগ্ন হতে, তবু উদাসীনতা কই! চোখ বন্ধ করলে ভেসে ওঠে কত মুখ, কত ধ্বনি ভীড় করে কর্ণকুহরে। কত কর্ম, কত বিলাস, কত কীর্তি, কত ধ্বংস, পূর্বাপর ঘটনার অবিন্যস্ত জটিল চিত্রকল্পের বিচিত্র সমাহার। আমার বাল্য, শৈশব, যৌবন, প্রৌঢ়ত্ব দূর থেকে উপহাস করে যেন বলছে --- দেখো মূর্খ, অপচয় কীভাবে করেছ কাল; মাতুল, ভ্রাতা, অগন্য স্বজন, নিজ বংশ একের পর এক ধ্বংস হয়েছে; সেসব না কি তোমার লীলা! না, না এ লীলা নয়, তুমি দায়ী সমস্ত ঘটনার জন্য। শ্রী বলরাম, তোমার প্রাণপ্রিয় অগ্রজ, তাঁর লীলা সংবরণকালে দেহত্যাগের সময় সমুদ্র থেকে উঠে আসা মহানাগ সকল কর্কোটক, বাসুকি, তক্ষক, পৃথুশ্রবা, কুঞ্জর, মিশ্রী, শঙ্খ, কুমুদ, পুণ্ডরীখ, হ্রাদ, ক্রাদ, তথা স্বয়ং বরুণদেব পর্যন্ত সাথে ছিলেন, প্রত্যুৎগমন করেছেন, আর তুমি, পুরুষোত্তম শ্রীকৃষ্ণ যাদবকুলতিলক অরণ্যপ্রান্তরে একা, আপেক্ষমান নিঃসঙ্গ। শুনতে পাও ভগবান? কানে বাজে...?...তোমার দৈব জীবনের অনন্য প্রাপ্তি...

হতজ্ঞাতির্হতামাত্যো হতপুত্রোবনেচরঃ।

কুতসিতোনাভ্যুপায়েন নিধনং সমবাপ্স্যাসি।।

কৃষ্ণ।। সুবলনন্দিনী! সুবলনন্দিনী! রিক্তপ্রাণা মাতা গান্ধারী আপনার সেই অভিশাপ, তার প্রতিটি ধ্বনি, এক একটি শব্দ আমি বয়ে নিয়ে বেড়িয়েছি। আমি বয়ে বেড়িয়েছি দীর্ঘকাল। আপনি বলেছিলেন-

শ্রীকৃষ্ণ, এ তোমারই স্বেচ্ছার প্রকাশ। রোরুদ্যোমানা নিঃস্ব রমণীকুল, এই বিস্তীর্ণ ক্ষেত্রে শকুন-শৃগালের মৃতদেহ ভক্ষন, শবকাষ্ঠ.. চিতা থেকে উঠে আসা কটূগন্ধ ধুম্রজাল, শতপুত্রের জননী আজ শুণ্যপ্রাণা। এ তোমারই স্বেচ্ছাচারের নগ্ন ক্রীড়া। তোমার ক্রীড়নক এই নারী যদি সতী হয়, যদি ঐহিক পুণ্যে হয়ে থাকে সামান্য পুণ্যবতী, তবে আজ এই কৌরবকুলতিলক ধৃতরাষ্ট্র-পত্নী তোমাকে অভিশাপ দিচ্ছে যে, তোমার যদুবংশও একদিন অশেষ কদাচারে মগ্ন হবে। লুপ্ত হবে যাদবকুল।

তোমার কূলের নারীরাও দীর্ণ-বক্ষ ক্রন্দনে বিদীর্ণ করবে আকাশ, মুখরিত করবে চরাচর! আর তুমি ষড়ৈশ্বর্য্য-গুণাধিপতি, দৈবশক্তিধর শ্রীকৃষ্ণ! অবতারের এই আবরণ জীর্ণ হলে নিতান্ত পশুর মত নিহত হবে অপঘাতে!

মাতা..আপনার অভিসম্পাত, আপনার অভিশাপ, স্তবকে স্তবকে ছত্রে ছত্রে ধ্বনিত – প্রতিধ্বনিত হয়েছে আমার জীবনের ক্রোড়পত্রে। শুধু ঐ শেষ ছত্রের অপেক্ষায় আমি।তাও আসন্ন মা, সেও আসছে, ঐতো! এ অরণ্যের অপর প্রান্তে স্পষ্ট থেকে স্পষ্টতর তার পদধ্বনি!এসো এসো এসো জরা, দেখো তোমার লক্ষ্য তোমার অধিকতর প্রতীক্ষায়।

কিন্ত আপনি বৃথা অভিশাপ উচ্চারণে বাক্য ব্যয় করেছিলেন মাতা। এ সবই ছিল আমার জানা। আমি ছাড়া কেই-বা যদু বংশ ধ্বংস করত; যে প্রক্রিয়ায় তাদের আত্মিক, সামরিক শক্তির উত্থান ঘটিয়ে দুর্ধর্ষ শংসপ্তক তথা নারায়ণী সেনা গঠন করেছিলাম আমি, তাতে অন্য মানব, দেব-দানব-যক্ষ-রাক্ষসগণের অবধ্য হয়ে উঠেছিল তারা। তাদের ধ্বংসের

কারণ হতে পারত শুধু তারা নিজেরাই। আমি জানতাম, আমি জানতাম! আমার জ্ঞান, আমার দূরদর্শিতা, আমার মেধা, মনন, আমার ধী-শক্তি, গভীরতা, আমার কষ্ট, বিষাদ, ক্লেশ, দৈন্য, যন্ত্রণা --- আর তোমার জ্ঞান! সেই তো তোমার যন্ত্রণার উৎস!

কথক।। ভারতবাসীর জন্য এটি খুবই দুর্ভাগ্যের যে এই মহাজীবন সম্পর্কে তারা অধিকাংশই অজ্ঞ।আচ্ছা, কোথায় কিভাবে দেখি বলুনতো আমরা মানুষটাকে? কোথায়, কীভাবে রাখি? মন্দিরে, দেওয়ালে, ক্যালেণ্ডারে, খাতায়, বইতে, ধূপের প্যাকেটে, টিশার্ট-কুশনে প্রিন্টেড! আর আজকাল তো হাতের মুঠোয়, স্ক্রোল করতে করতে, খুব কাছ থেকে... সত্যিই কি দেখি খুব কাছ থেকে? না কি....

আধুনিক শিক্ষায় শিক্ষিত অনেক মানুষতো শ্রীকৃষ্ণ জীবন কথাকে কাল্পনিক বলে মনে করেন। হ্যাঁ, তাদের কাছে তো মনে হয় যেন ঠাকুমার ঝুলি, ঠাকুরদার ঝুলি বা রূপকথা উপকথার গল্পের মতই ছেলে ভোলানো কাহিনী হল শ্রীকৃষ্ণের জীবনের কথা। এমনকী ইতিহাস নিয়ে চর্চা করা ছাত্র-শিক্ষকদের কাছ থেকেও এরকম মন্তব্য শোনা যায়। আচ্ছা ঐসব শিক্ষিত পন্ডিতদের কথা বাদ দিন, আমি আপনি আমরা সাধারণ মানুষেরা 'শ্রীকৃষ্ণ' বলতেই কি বুঝি? কি ছবি ভেসে ওঠে আমাদের মনে? মাখন! বাঁশি! ময়ূরপাখা আর লীলাময়ী গোপিনী সখীর দল।হ্যাঁ ছিল; এসব তাঁর জীবনে ছিল, কিন্ত জীবনের প্রথম কয়েকটা দিন। যখন তিনি ছিলেন তাঁর প্রাণের ব্রজভূমে, তাঁর সখা-সখীদের মাঝে।

গবেষকদের মতে দীর্ঘ প্রায় ১০৬ বছরের আয়ুষ্কাল তাঁর। তার মধ্যে প্রথম কিছু বছর তাঁর শৈশব কৈশোরের কয়েকটা দিন তিনি কিছুটা নির্মল সুখ ভোগ করেছিলেন।কিন্ত তারপর যখন কঠোর ব্রহ্মচর্য্য ব্রত গ্রহণ করে তিনি গেলেন তার গুরুদের

কাছে সান্দীপনি আশ্রমে, আর গর্গ মুনির সান্নিধ্যে, যে কঠোর সাধনা, যে কঠিন শিক্ষালাভের ব্রত তিনি পালন করেছেন কই তার সম্বন্ধে তো আমরা কিছু ভাবি না! আমরা শুধুমাত্র ওই মাখন, বাঁশি, লীলা এইসব নিয়েই পড়ে থাকি, আসলে ওগুলোই তো আমাদের Comfort zone. আমরা একবারও ভাবিনা উনি ঠিক কি কি শিখেছিলেন, কোন কোন বিষয়ে পারদর্শিতা অর্জন করেছিলেন!কিসে কিসে পারঙ্গম হয়ে উঠেছিলেন!আমরা ভাবিনা।

আর ওই মানুষটা দ্বাদশ বিদ্যায়, চৌষট্টি কলায় চূড়ান্ত দক্ষতা অর্জন করে ভবিষ্যত জীবনে ভারত রাজনীতির চাকায় নিজেকে পিষে দিতে দিতে, হয়তো ফিরে যেতে চাইতেন তাঁর সেই প্রাণের ব্রজভূমে, তাঁর সখা-সখীদের কাছে, যমুনাপুলিনে, নীপবীথি তলের নৃত্যমুখর মধুর দিনগুলোতে-

।**গীত**। [উৎস: শ্রীকৃষ্ণাষ্টকম (শংকরাচার্য্য রচিত) এবং মধুরাষ্টকম (শ্রীবল্লভাচার্য রচিত)]

ভজে ব্রজৈকমণ্ডনং সমস্তপাপখণ্ডনং
স্বভক্তচিত্তরঞ্জনং সদৈব নন্দনন্দনম।
সুপিচ্ছগুচ্ছমস্তকং সুনাদবেণুহস্তকং
অনঙ্গরঙ্গসাগরং নমামি কৃষ্ণনাগরম।।১।।

অধরং মধুরং বদনং মধুরং
নয়নং মধুরং হসিতং মধুরম্।
হৃদয়ং মধুরং গমনং মধুরং
মধুরাধিপতেরখিলং মধুরম।

মনোজগর্বমোচনং বিশাললোললোচনং
বিধুতগোপশোচনং নমামি পদ্মলোচনম।
করারবিন্দভূধরং স্মিতাবলোকসুন্দরং
মহেন্দ্রমানদারণং নমামি কৃষ্ণবারণম।

বচনং মধুরং চরিতং মধুরং
বসনং মধুরং বলিতং মধুরম্
চলিতং মধুরং ভ্রমিতং মধুরং
মধুরাধিপতেরখিলং মধুরম্।

ভুবো ভবাবতারকং ভবাব্ধিকর্ণধারকং
যশোমতীকিশোরকং নমামি চিত্তচোরকম।
দৃগন্তকান্তভঙ্গিনং সদাসদালসঙ্গিনং
দিনে দিনে নবং নব নমামি নন্দসম্ভবম।।

বেণুর্মধুরো রেণুর্মধুরঃ
পাণির্মধুরঃ পাদৌ মধুরৌ।
নৃত্যং মধুরং সখ্যং মধুরং
মধুরাধিপতেরখিলং মধুরম্।।

গীতং মধুরং পীতং মধুরং
ভুক্তং মধুরং সুপ্তং মধুরম্।
রূপং মধুরং তিলকং মধুরং
মধুরাধিপতেরখিলং মধুরম্।।

কৃষ্ণ।। ওঃ, ওফ, বন্ধ করো, বন্ধ করো। বন্ধ করো এই সমস্ত অকর্মণ্য ভক্তির বিলাপ। জানো না, দেখছ না আমায়, আমার অনাঘ্রাত অভিজ্ঞতা আমার সম্মুখে, কেন ডাকো আমায়? কেন ফিরাও আমাকে? বাল্য থেকে তো আত্মসুখ বিসর্জন দিয়ে রত হয়েছি কর্মযজ্ঞে। মহাযুদ্ধের পূর্বে কুরুক্ষেত্রে অর্জুনকে বলা আমার সেই কথন – সে তো কিঞ্চিৎমাত্র। সখা অর্জুন যুদ্ধ পূর্ব পরিস্থিতিতে হয়ে পড়েছিলেন বিহ্বল, বিকলমানস, তাই আমার অগম্য একাকীত্বের উৎসমুখ উন্মীলিত করে সেচন করেছিলাম কিছু অভিজ্ঞতার অনুভব, দিয়েছিলাম কিছু মন্ত্র। কিন্তু সমুদ্র মন্থনে যেমন সব শেষে উঠেছিল অমৃত ভাণ্ড, আজ জীবন সায়াহ্নে আমার সে অমৃত ভাণ্ড কই?

বড় ক্লান্ত লাগে আজ। তোমরা আর ডেকো না আমায়। এসো অমৃত, শব থেকে মুক্ত করো তোমার আপনরসের ধারা, তোমার জ্ঞান – সেই তো আমার যন্ত্রণার উৎস, দুর্বিষহ ভার, কেউ কী জানতে চেয়েছেন কখনও, এসে বলেছেন? -"কৃষ্ণ! কি হয়েছে তোমার? বলো আমায়, বলো তোমার কথা, কী যন্ত্রণা তোমার? কীসের বিষাদ? তুমি কি ক্লান্ত? তুমি একটু মাধ্বী বা সোমরস পান করবে? খিদে পেয়েছে বুঝি? শূল্যপক্ক নরম মৃগমাংস খাবে তুমি? শ্রবণ করবে মধুর গান্ধর্ব গীত? ও...! খেলা করবে তুমি, পুত্র শাম্ব প্রদ্যুম্ন চারুমতির সাথে? এই! ভ্রমণ করবে তুমি? যাও যাও যথেচ্ছ বিহার করো, এই নিয়ে যাও আমার অশ্ব, ইচ্ছা মত পর্যটন করো, এই প্রান্তর পার হয়ে, ঐ পাহাড় ডিঙিয়ে চলে যাও, ঝাঁপ দাও নদীর জলে, সাঁতার কাটো... ক্লান্ত হয়ে ঘুমিয়ে পড় গাছের ছায়ায়! কে না করেছে! কেউ না... মহারাজ উগ্রসেন? পিতা বসুদেব? আপনি, মহামতি বিদুর, মহর্ষি ব্যাস, পিতামহ ভীষ্ম, সখা অর্জুন, আমার স্ত্রী-রা বা ধর্মরাজ, না কেউ না! কৃষকের ঘরে জন্ম নেওয়া বলদকে যেমন জন্ম মুহূর্তেই পূর্ব নির্দিষ্ট হয়ে যেতে হয় ক্ষেত্র কর্ষণের কার্যে, সেইরূপ আমিও যাদব কুলতিলক শ্রীকৃষ্ণ, বয়ে

গেছি ভার, নিরন্তর। বয়ে গেছে সময়, ক্ষীণা তটিনী হয়েছে স্ফীতকায়া, পর্বতের বরফ স্রোতস্বিনী হয়ে সমুদ্রে বিলীনের পর বাষ্পীভূত হয়ে পুনরায় ঝরেছে বৃষ্টি রুপে। আমার ক্ষেত্রকর্ষণের দুর্ভার চলেছে একই গতিতে। কেন! কেন এই এগিয়ে যাওয়া? প্রশ্ন করি তোমাকে কেন, কেন এত গর্ব তোমার, কেন এত ঈর্ষা? নিজেকে শ্রেষ্ঠ ভাবা কি আজও শেষ হল না তোমার? হা! শ্রেষ্ঠপুরুষ শ্রীকৃষ্ণ গোপীজন বল্লভ, আজ একাকী একলা, মৃত্যুর প্রতীক্ষায়, মৃত্যু, অজানা অতিথি? কখন কিভাবে আসবে তাও তোমার জানা কারণ তুমি ভগবান। ষড়ৈশ্বর্য্য গুণাধিপতি-ভগবান!

কথক।। আর জানো তো ভগবান, আমাদের দেশের পুরান চটকে তরকারি বানানো পণ্ডিতকুলের অপরিমার্জিত অলীক কল্পনাশক্তি আর ঐ বোষ্টুম কবি-গোঁসাইদের বদবুদ্ধির কারনে তোমার জীবনে প্রচুর অলৌকিক ঘটনার আনাগোনা। একেবারে রগরগে, রঙচঙে, অনৈসর্গিক কাহিনীর সমাবেশ। আর সেই জন্যই তো আধুনিক শিক্ষায় শিক্ষিত বুদ্ধির দাস মানুষজন শ্রীকৃষ্ণের জীবন কে ছেলেভোলানো কাল্পনিক গল্প মনে করে।

আচ্ছা, প্রথম থেকে মহাভারত জুড়ে যে কৃষ্ণকে আমরা দেখতে পাই তাকে তো মহাভারতের অন্যান্য চরিত্রদের থেকে কোথাও আলাদা মনে হয়না। মানে, কোনো জায়গায় তো তাকে আলাদা করে ঈশ্বর, পরমেশ্বর বা পরম মনে করার কোন কারণ তো সেখানে ঘটে না। ঘটে?

মহাভারত! জীবনস্য বিচিত্র আখ্যানম্! বিচিত্র অর্থ-সমন্বিতম! এহেন মহাভারতে বিভিন্ন ঘটনা, বিভিন্ন চরিত্রের মধ্যে নানারকম অলৌকিক ব্যঞ্জনা তো আছেই।

যেমন পিতামহ ভীষ্ম, যাঁর ছিল কিনা ইচ্ছামৃত্যু! সারা শরীরে তীর গেঁথে রয়েছে কিন্তু তিনি মরছেন না, তিথি-নক্ষত্র

দেখে উত্তম সময়ে প্রাণ ত্যাগ করবেন; আবার ধরুন জরাসন্ধ, যাকে কিনা দু'ভাগ করে চিরে দিলেও আবার দু'খন্ড জুড়ে গিয়ে মানুষটা বেঁচে উঠতো। এগুলো অদ্ভুত, অলৌকিক নয়? তা শ্রীকৃষ্ণ যদি এক আধটা হিংস্র প্রাণী বা অত্যাচারী আততায়ীকে মেরে থাকেন, তাহলে অসুবিধা কী আছে? অসুবিধার তো কিছু নেই। তাতে করেই কি তিনি ঈশ্বর হয়ে গেলেন? না! তবে?

হ্যাঁ, মহাভারতে যুধিষ্ঠির যখন রাজসূয় যজ্ঞ করেছিলেন, তখন সেখানে কৌরবপ্রধান ভীষ্মদেব বিধান দিয়েছিলেন যে, শ্রীকৃষ্ণকেই শ্রেষ্ঠ পাদ্য অর্ঘ্য প্রদান করে অর্থাৎ যজ্ঞভাগ দান করে সম্মানিত করতে হবে। আর তারপর থেকেই বাকি মহাভারত জুড়ে এবং পরবর্তীতে অন্যান্য গ্রন্থে তিনি "শ্রীকৃষ্ণস্তু ভগবান স্বয়ং"!

আচ্ছা, এই যে ভগবান ভগবান ভগবান করে আমরা এত মাথা খারাপ করি, এই ভগবান মানেটা কী? কী এই ভগবান মানে? জানি আপনারা কেউ ভাবেন ভগবান স্ত্রী, কেউ ভাবেন পুরুষ! কেউ মানেন ভগবান এক, কেউ মানেন দুই, কেউ মানেন অনেক; কেউ বলবেন ভগবান নিরাকার, কেউ বলবে সাকার, কেউ বলবে কদাকার, আবার কেউ বলবে এক্কেবারে ম্যাসাকার! তো এই বিভিন্ন আকার বিকারের কথা বাদ দিয়ে আমরা ভগবান শব্দটাকে যদি আমরা একটু অনুধাবন করি, তাহলে কি পাই? - ভগ + বান; এখন এই ভগ পদের অর্থ কি?না এখানে কিন্ত ভগ পদের অর্থ যোনি নয়, মানে যেভাবে ভগিনী কথাটার উৎপত্তি। আসলে সংস্কৃতে বা আমাদের দেশের যেকোন সুসংস্কৃত পরিমার্জিত ভাষায় একটা শব্দের তো একটা অর্থ হয়না। যেমন- গো অর্থে- ইন্দ্রিয়, পৃথিবী, ব্রহ্মান্ড, গাভী ইত্যাদি ইত্যাদি।

তো এই ক্ষেত্রে ভগ শব্দের পারিভাষিক অর্থ হল ষড়ৈশ্বর্য্য ছটি ঐশ্বর্য্য, ছটি বিশেষ গুণ । এই ছটি ঐশ্বর্য কি কি? সৌন্দর্য্য! বীর্যবত্তা! জ্ঞান! নিস্পৃহতা! যশকীর্তি! এবং মাহাত্ম্য। এবার

এই ছয়টি গুণ কেউ নিয়ে জন্মায় না, বাপের সম্পত্তিও নয় যে বাবা উইল করে দিয়ে যাবে; অর্জন করতে হয়! নিজের জীবন দিয়ে, নিজের যাপন দিয়ে, নিজের জীবনকে বিন্দু বিন্দু করে বৃহত্তর জীবনের জন্য সেচন করে দিয়ে এই ছয়টি গুণ অর্জন করেছিলেন, আত্তীকরণ করেছিলেন, আর তাতেই হয়ে উঠেছিলেন মানব থেকে মানব-শ্রেষ্ঠ তথা দিব্যগুণাধিকারী-ভগবান!

।**গীত**। (উৎস: মধুরাষ্টকম)

গুঞ্জা মধুরা মালা মধুরা
যমুনা মধুরা বীচী মধুরা
সলিলং মধুরং কমলং মধুরং
মধুরাধিপতেরখিলং মধুরম্।।
গোপা মধুরা গাবো মধুরা
যষ্ঠির্মধুরা সৃষ্টির্মধুরা।
দলিতং মধুরং ফলিতং মধুরং
মধুরাধিপতেরখিলং মধুরম্।।

কৃষ্ণ।। মূঢ়, মূঢ় তোমরা, আমি কখনও কামনা করিনি এই ঈশ্বরত্ব, এই ঐশ্বরিক মহিমা। কিন্তু সময়, নিয়তি আর অদৃষ্টের মেলবন্ধন আমার জীবনে... নিয়তিকে কে এড়িয়ে চলতে পারে? কে বাঁধতে পারে নিয়তিকে? মানবদেহে জন্মানো তথা যে কোন জীবদেহে জন্মানো যে কোন প্রাণীকেই এই নিয়তির লিখনের মধ্যে দিয়েই চলতে হয়। কর্ম, কর্মরহস্য, কর্মফল এইগুলির বাইরে আমরা কেউ নেই। আমরা যত শ্রেষ্ঠ কর্মই করি না কেন, বা যত নিকৃষ্ট কর্মই করি না কেন, তার ফল এবং তার বন্ধনের মধ্যে তো আমাদের থাকতেই হয়। আমি তো

চেয়েছিলাম ভিক্ষুক প্রার্থীর মত, আমি তো চেয়েছিলাম তৃণাদপি তৃণ হয়ে থাকতে।

নইলে রাজসূয় যজ্ঞের দিন আমি তো, আমি যখন অত্যন্ত সরল ভাবে বলেছিলাম, হ্যাঁ অত্যন্ত সরলভাবে অগ্রজপ্রতিম আমার বড় ভাইয়ের মত যে যুধিষ্ঠির, তাঁর কাছে প্রার্থনা জানিয়েছিলাম, "ধর্মরাজ, ধর্মরাজ আমার একটি নিবেদন আছে। এই মহান যজ্ঞে আপনার কাছে প্রার্থনা করি, আমাকে নিঃশঙ্ক হৃদয়ে দায়িত্ব দিন, আজ এই সুবিশাল যজ্ঞক্ষেত্রে আগত সমস্ত ব্রাহ্মণদের পা ধুইয়ে দেবো আমি। তাদের পাদ্য অর্ঘ্য দানের দায়িত্ব আমাকে দিন। অবাক হয়ে গিয়েছিলেন যুধিষ্ঠির- 'সে কী! পুরুষোত্তম, যাদবকুলতিলক, দ্বারকাপতি শ্রীকৃষ্ণ কী অভিমান করেছেন?' তিনি শঙ্কিত হয়েছিলেন যে আমি বোধ হয় অভিমান করে তাঁদের ছেড়ে চলে যাবো বা তাঁদের প্রতি ক্ষুব্ধ হয়েছি, রুষ্ট হয়েছি। তিনি হতচকিত হয়ে আমায় বলেছিলেন, 'মাধব, তোমার অভিসন্ধি আমাদের সবার অজ্ঞাত। এ তো দাসের কাজ! কোন অভিমান থেকে এমন প্রার্থনা তুমি করছ? তোমার জন্যই এ যজ্ঞ, তোমার জন্যই আমাদের উত্থান, তোমার জন্যই এই সমস্ত ক্রিয়া। কোন অন্যায় আমাদের, কোন ত্রুটি? আমাদের কোন ভুল মাধব?"

ধর্মরাজ, স্থিতধী, ধীর ধর্মরাজ। তুমিও, আমায় ভুল বুঝলে? আমি তো চাইনি ভগবানের পদ! গঙ্গাপুত্র ভীষ্ম, তাঁর বিবেচনায় হঠাৎ করে বললেন যে আর কেউ নয়, তিনি নিজে তো ননই, এমন কী উপস্থিৎ আর কোন অতিথিই নন, শুধুমাত্র শ্রীকৃষ্ণের প্রতি, শুধুমাত্র আমার প্রতিই নাকি যজ্ঞভাগ পুজ্য পাদার্ঘ্য প্রদত্ত হওয়া উচিৎ। আমি সর্বকর্মহোতা? যে যজ্ঞসভায় আমি চেয়েছিলাম তৃণাদপি তৃণ হয়ে থাকতে সেখানেই পরিস্থিতি, সময়ের গতি আর নিয়তির পাকেচক্রে আমি বাধ্য হলাম হন্তারকের ভূমিকায় অবতীর্ন হতে। রাজসূয় যজ্ঞের পবিত্র ভুমি ক্লেদাক্ত হল অধর্মাচারি শিশুপালের রক্তে।

এভাবেই তোমার সমগ্র জীবন জুড়ে নিয়তি গড়ে তুলেছে পরিস্থিতি, পরিবেশ। বাঘের বাচ্চাকে যদি মেষশাবকদের সাথে পালন করা হয়, তথাপি সে বাঘের বাচ্চা, অনুকুল পরিবেশে ঝলসে ওঠে তাঁর শ্বদন্ত, নখরাঘাতে সে দীর্ণ করতে পারে যে কোন প্রাণীর পাঁজর।

সেরুপ ক্ষত্রিয় বংশে জন্ম আমার – জানিনা কোন দৈব প্রভাবের কথা, ক্ষত্রিয় রক্ত বহে আমার ধমনীতে, আমি মানি না!, মানি না অবতার কি না। শুধু জানি জীবৎকাল জুড়ে একের পর এক কর্মসম্পাদন করতে করতে, বেগবান রথচক্রের মত রাজনৈতিক কর্মযজ্ঞে, রাজনীতির আবর্তে ঘুরতে ঘুরতে আমি বড় শ্রান্ত। বড় ক্লান্ত আমি।

আচ্ছা ক্ষত্রিয়নন্দন! হ্যাঁ, ক্ষাত্ররক্ত হয়ত বইতো তোমার ধমণীতে কিন্ত, গোকুলে ঐ গোয়ালাদের মাঝখানে বৈশ্য-সমাজে বেড়ে ওঠা, সে তো তোমার জীবনের অন্তরায় হয়নি বদলে অদ্ভুতভাবে হয়ে উঠেছিল সহায়। তুমি না চাইতেই, ফলিত জীবনের ব্যবহারিক বিদ্যায় অতি স্বাভাবিক ভাবেই তুমি জেনেছিলে ভারতবর্ষের সূক্ষ্ম জটিল শ্রেণীবিন্যাস, সমাজচরিত্র, রাজনৈতিক শক্তির ধারাপাত।

তবু হে অরণ্য আমার বর্তমানের নিঃসঙ্গতার সঙ্গী, ওগো তুমি – তৃণ আমার একক এই বিলাপের সাক্ষী। আমি তো চেয়েছিলাম, বিশ্বাস করো আমি চেয়েছিলাম নিঃস্তরঙ্গ জীবন হোক আমার, চেয়েছিলাম কোন একদিন...

তাই? চেয়েছিলে কি? তবে কেন এক অন্ধ জেদের তাড়না, আত্ম মত প্রতিষ্ঠার সুতীব্র ঈপ্সা তোমাকে চালিত করে নিয়ে গেছে দিনের পর দিন অহোরাত্র?

নিঃস্তরঙ্গ – ওহো আমার ব্রজের জীবন, কত অনায়াসে বয়ে গেছে দিন, চিন্তাহীন। আজ স্বপ্ন মনে হয়?

ব্রজের তৃণভূমি...সখা গোপালকদল... দূর থেকে শোনা

যেতো, আয় রে কানাই- ক্ষেত্রে চল্- হরিৎ শ্যামল ভরাট ক্ষেত্রে.. উদ্দাম কিছু কিশোর কিশোরী... ছিল না ঘরে ফেরার টান, নিরভিমান যমুনার তীরে অর্কের প্রভা, হীরক শিশিরে পড়ত যখন – কোথায় তখন কর্মযজ্ঞ, কংসহত্যা, কুরুক্ষেত্র, যাদবনাশ, দ্বারকাধীশ কোথায় তখন! শত্রুদমন, অসিরনখ, শোনিতস্নান! শুধু যমুনা... নিরভিমান যমুনার তীর...

।**গীত**। (উৎস: গীত গোবিন্দম্)

চন্দনচর্চিতনীলকলেবর, পীতবসনবনমালী।
কেলিচলন্মণিকুণ্ডলমণ্ডিতগণ্ড যুগস্মিতশালী।।
হরিরিহ মুগ্ধ বধূনিকরে বিলাসিনি বিলসতি কেলিপরে।।

পীনপয়োধরভারভরেন হরিং পরিরভ্য সমাগম।
গোপবধূরনুগায়তি কাচিদুদঞ্চিতপঞ্চমরাগম।।
হরিরিহ মুগ্ধ বধূনিকরে বিলাসিনি বিলসতি কেলিপরে।।

শ্লিষ্যতি কামপি চুম্বতি কামপি কামপি রম্যতি রামাম্।
পশ্যতি স স্মিতচারু পরামপরামনুগচ্ছতি বামাম্।।
হরিরিহ মুগ্ধ বধূনিকরে বিলাসিনি বিলসতি কেলিপরে।।

কৃষ্ণ।। কোথায় কোথায় তোমরা, প্রেম ভক্তির ছায়াশরীরীর দল, এত প্রেম, এত আদর, এত আহ্লাদ। নেমে এস ঐ অসত্য, ভ্রান্ত, ধৃষ্ট কাব্যের প্রলাপ থেকে, নেমে এস। দেখ এই নিকষ অন্ধকারে এই অরণ্যে একা, জড়বৎ, স্থানু তোমাদের প্রাণাধিক, তোমাদের কামনার ধন, তোমাদের পরমপুরুষ, দেখ তোমাদের

হৃদয়বল্লভ, মৃত্যুর প্রতীক্ষায়! আজ কোথায় তোমরা! না, না, না, মিথ্যা মিথ্যা মিথ্যা! মিথ্যা তোমরা, মিথ্যা তোমাদের ঐ সাজানো আমি!

কথক।। ওহ্! এ আমি কি বলে ফেললাম। I'm Sorry! 'মিথ্যা' শব্দটা আমার উচ্চারণ করা উচিত হয়নি। সত্যের বোধ না থাকলে মিথ্যা র তো অস্তিত্ব থাকেনা!

আমাদের এই পোড়া দেশে সত্য-মিথ্যার প্রকৃত মূল্যায়ন আমরা করি কখনো ! ঐ রাস্তার ধারের বদলাতে থাকা রঙিন পতাকা গুলোর নিচে কতো সত্য-মিথ্যাকে এক কফিনে দাফন করে দিয়েছি না আমরা!

নইলে এমন ঐশ্বর্য্যশালী যে জীবন তারই বা কি মূল্যায়ন করেছি আমরা? আসলে কি জানোতো কানাই- যার যত বড় জীবন তার তত বেশী অর্জন। আর যত বেশী অর্জন তাতে তত বেশী সংযোজন। সে সংযোজন যে সব সময় সত্যি হতে হবে, তার কী মানে আছে! আমি তাই, তাই ভাবি ঠিক কেন, কেন বঙ্কিমবাবু, মানে আমাদের বঙ্কিমচন্দ্র চট্টোপাধ্যায়, সাহিত্য-সম্রাট গো, তিনি কেন মনের দুঃখে, সখেদে লিখেছেন-

"বলিহারি যাই! পুরাণকার আর বৈষ্ণব কবিদের ধর্মজ্ঞান আর রুচির বলিহারি যাই! যাকে ভগবান, ঈশ্বর বলা হচ্ছে তাকেই আবার পরদারিক মানে পরস্ত্রীকাতর, কামাচারিরূপে চিত্রিত করা হচ্ছে। এই অনবদ্য বিশ্বনমস্য পুরুষোত্তম শ্রীকৃষ্ণ সম্পর্কে কূটবুদ্ধিসম্পন্ন কৃষ্ণদ্বেষী সম্প্রদায় নানা কাল্পনিক মিথ্যা কাহিনীকে কূটকৌশলে লীলাগানের অন্তরালে প্রচার করেছে বলে আমার মনে হয়। আর কালক্রমে এই অসত্য দুরভিসন্ধিমূলক প্রচারকেই অজ্ঞ জনসমাজ সত্য বলে গ্রহণ করেছে। এর মানে কী? কি এর অর্থ? এর পিছনে কি আছে? কিছু ব্যবসা বুদ্ধি নাকি? মানে এত ভক্তিতে গদগদ যার প্রতি

তাকেই আবার কুৎসিত রূপে চিত্রিত করে ফেললাম"।

হ্যাঁ আমি মেনে নিচ্ছি, ভক্তিবাদের জোয়ারে ভারতকে ভাসিয়ে দেওয়ার দরকার হয়েছিল। দীর্ঘ মধ্যযুগীয় কদাচার, অত্যাচার আর অগ্নিগর্ভ অবস্থার পরে ভারতবর্ষের প্রয়োজন ছিল মানুষের হৃদয়কে প্রেমে প্লাবিত করা, ভক্তিতে মানুষের হৃদয়কে শুদ্ধ করা, স্নাত করা, স্নিগ্ধ করা; কিন্তু, তার জন্য কোন মানুষের জীবনকে, কোন শ্রেষ্ঠ মানুষের জীবনকে কাম আর লালসার কূটকাহিনী দিয়ে কুৎসিত করে তোলার কি দরকার ছিল? একি তার জন্য নিন্দা নয়, একি তার জন্য অসম্মান নয়? কাজ মিটে যাওয়ার পর ঘর ঝাড়ু দেওয়ার ঝাঁটাকে ছুঁড়ে নর্দমায় ফেলে দিলে যেমন তার অপমান হয় তেমনি ঘর ঝাড়ু দেওয়ার ঝাঁটাকে বিছানায় জড়িয়ে ধরে শুলেও তার অপমানই হয়। কাউকে অতিরিক্ত মূল্য দেওয়া বা কাউকে সঠিক মূল্য না দেওয়া – এই দুটোই তো তার প্রতি অসম্মান। অতি মূল্যায়ন বা অবমূল্যায়ন – এই দুই তো অন্যায়! না কি? কী জানি? জানি না। আমি সামান্য একজন পরজীবী নট, শুধু আমার মনে কতগুলো প্রশ্ন জেগেছে। উনি কে? উনি কেন? উনি কোথায়? উনি কীভাবে? তাই কিছু প্রশ্ন নিয়েই আপনাদের কাছে আসা। অভিনয়-টভিনয় নয়। সে তো বড় কঠিন। সে তো উনি করেছেন, অভিনয়! আজীবন ধরে, নানান চরিত্রে! কখনও চঞ্চল মাখন চোরের ভূমিকায়, কখনও রাখালের ভূমিকায়, সাধারনের পরিত্রাতা হয়ে কালিয়া দমনকারীর ভূমিকায়, অসীম শক্তিধর মল্লযোদ্ধার ভূমিকায় নেমেছেন কংস-বধ পালায়, সেজেছেন রাসমণ্ডলের মোহন রূপে, ভারত রাজনীতির দক্ষ পরিচালক রূপে অবতীর্ণ হয়েছেন দার্শনিকের ভূমিকায়, হয়েছেন পার্থসারথি, কখনো বা দ্বারকাধীশ সেজেছেন! আর এইসব অজস্র ভুমিকার মাঝে অন্তরে একান্তে হয়তো আজীবন লালন করে গিয়েছেন তাঁর রাধারমণ রূপ!

কৃষ্ণ।। রাধা! অন্তরের নিরন্তর ধারা ফল্গুনদী আমার! এত অনুরাগ রাধা! এত প্রেম এত স্নেহ... তবু কেন আমায় ধরে রাখতে পারোনি তুমি তোমার আপনার জন করে – শ্রীরাধা! কেন বাঁধোনি সেদিন আমায়? কেন ভেসে যেতে দিলে কর্মের উদ্দাম স্রোতে? কীভাবে বিদায় জানিয়েছিলে তোমার অন্তর-কুঞ্জ ভেঙে!

।**গীত**। (উৎস: গীত গোবিন্দ)

কুরু যদুনন্দন চন্দনশিশরতরেণ করেণ পয়োধরে।
মৃগমদপত্রকমত্র মনোভবমঙ্গলকলসহোদরে।
নিজগাদ সা যদুনন্দনে ক্রীড়তি হৃদয়ানন্দে
অলিকুলগঞ্জনসঞ্জনকং রতিনায়কশায়কমোচনে।
তদধরচুম্বনলম্বিত কজ্জ্বলমুজ্জ্বলয় প্রিয় লোচনে।।
সরসঘনে জঘনে মম শম্বরদারনবারন কন্দরে।
মণিরসনাবসনাভরণানি শুভাশয় বাসয় সুন্দরে।।

হায় যুগান্তরের কবি তোমাদের সুমহান যশস্বী কাব্য কতটুকু দেখেছে আমায়! কতটুকু খুঁড়েছে আমার অন্তর! পূর্ণতার কত কাছে গিয়েছ তোমরা? পূর্ণ তাঁর, কত দূরে থেকে গেছ!

আমি তো কর্তব্যযজ্ঞে নিক্ষিপ্ত আহুতি মাত্র। যুদ্ধের প্রান্তরে চর্মপট্টিতে চক্ষুঢাকা বেগবান অশ্বমাত্র। আমার প্রেম, আমার ভালোবাসা, আমার লীলা, মিথ্যা মিথ্যা, সব মিথ্যা। কী করতাম আমি? দুষ্টের দমন, শিষ্টের পালন! কী বা করতাম? অসহায় ভাবে মৃত্যু বরণ করতাম না কী হত্যা? কোনটা শ্রেয়? বক, প্রলম্ব, ধেনুক, কেশি, কালীয় প্রভৃতি অসুর তথা অনার্য আততায়ীদের বধ করা আমার ভবিতব্য ছিল। হয় হত্যা করো, নয় হত হও। কংস বধের ক্ষেত্রেও আমি ছিলাম নিতান্ত

পরিস্থিতি-প্রেরিত হন্তারক মাত্র। সুবলনন্দিনী মাতা গান্ধারী আমি ও ক্রীড়নক, আমিও। আমিও ক্রীড়নক ঘটমান প্রত্যেকটি ঘটনার, প্রতিটি মুহুর্তের। আমি নই কোন পাষাণ মুর্তি ঈশ্বর, আমিও মানুষ। আমার শরীরেও শাষনের আড়ালে অস্ত্র শানায় ষড়রিপু। কে? কে? রুক্মিণী...! হরণ করে নিয়েছিলাম তোমায়। আমার রাজনৈতিক কর্মজীবনের ঊষালগ্নে যখন বিবাহ বন্ধনের কোন ইচ্ছাই আমার ছিল না, সেই সময় তোমার নিজের হাতে পাঠানো পত্র পেয়ে ধর্মপালন আর কর্তব্য সাধনের আড়ালে সিদ্ধ হয়েছিল একটা কূটনৈতিক তথা রাজনৈতিক কর্ম।

ও কে!সত্যভামা! সত্যা, মানিনী রুপসী আমার, অগ্নিমুখী পতঙ্গের মত ভস্ম করতে চেয়েছি নিজেকে তোমার আগুনে। প্রশ্ন করেছি নিজেকে। আদেশ দিয়েছি – "সখা, সন্ধ্যে হল, এবার অশ্ব থেকে নামো..." কিন্তু তখনই... হা ঈশ্বর! বালক শতধন্বা... তোমার কিশোর প্রেমিক, কি অবুঝ হত্যা করলাম তাকে। অগ্র পশ্চাৎ বিবেচনা না করে অবিমৃশ্যকারীর মত সেই কমনীয় না যুবা না কিশোর শতধন্বা... তাকে... হায় সত্যা তোমায় পেলাম তা যেমন ছিল অবিশ্বাস্য, তেমই অবিশ্বাস্য আমার অদৃষ্ট!

রুক্মিণীকে পেয়েছিলাম হরন করে, সত্যভামাকে জয় করেছিলাম শতধন্বার রক্তে স্নান করে; জাম্ববতী তুমি আপন পিতার পরাজয়ে আমার গলায় পরিয়েছিলে বরমাল্য। না সে তো বরমাল্য নয়, পৌরুষের জয়মাল্য সে। জানি না নারী আমি কি চেয়েছি তোমাদের কাছে? একটু বাঁধন! একটু আগুন! না কি প্রাণের আরাম! তোমরা কি বহু পথভ্রান্ত পথিকের হাতের লাঠি? তোমরা কি তৃষ্ণা না কি বৃষ্টি; স্ফটিক স্বচ্ছ জলাশয়, না কি অগ্নিগর্ভা চিরপিপাসিতা মরুভূমি- বিন্দু বিন্দু শুষে নিতে চাও চতুর্বর্গ পুরুষকারের সবটুকু! আমি বুঝিনি কখনও তোমাদের। কখনও বা তোমাদের জাল মনে হয়। যেন জড়িয়ে ধরো আমার চেতনাকে। অন্ধকার নিকষ রাত্রি, আঃ...অন্ধ করে আমাকেও,

আমার গোপন বাসনা, আমার বুকের খনিজে, ছড়িয়ে দিয়ে যায় অধরা হীরক স্বর্ণের দ্যুতি। তবুও হে প্রেম, কেন কখনও ঘটাতে পারোনি আমার কর্মচ্যুতি, আমার পরম বিশ্রাম।

হায় কবি, গোপিশতকেলিকার রুপে তুমি দেখেছ আমাকে। কি পেয়েছ? কি ই বা পেলে? মুর্খ কবিকূল আমি সেই বেগবান অশ্ব যার দুচোখে বাঁধা আছে চর্মপট্টি, যে শুধু জানে তার প্রশিক্ষণের ইঙ্গিতে এগিয়ে চলতে, দ্রুত থেকে দ্রুতগামী হয়ে পার করে যেতে তার পথ, শুধু জানে তার প্রয়োজন, ক্ষুধা! সে জানে না তার পৃষ্ঠের আরোহী আসলে কে। জানে না নারী রুপ, বিলোল কটাক্ষ, রোষারুণ রাগ, লাবণ্য খচিত কান্তা দৃষ্টির আচম্বিত সুধা রস।

আঃ, কি বলছ তুমি এসব কৃষ্ণ? নির্জন এ মৃত্যু সন্নিকট ক্ষণে কিসের প্রলাপে তুমি উদাসীনতার ধ্যান থেকে চ্যুত হচ্ছো? নারী মুখ! নারী দেহ! সে কী? পঞ্চভূতের সমাহার! হ্যাঁ, পঞ্চতন্মাত্রের কার্যমাত্র। রক্ত, মেদ, অস্থির যৌথকরণ।রূপ-রস-বর্ণ-গন্ধের খেলাঘর! লাবণ্য? সে তো চেষ্টাকৃত, বাইরের। কুমকুম লোধ্ররেণু অগুরু চন্দনে কুসুমে ভূষণে সাজানো মিথ্যের বাগান। আসলে বায়ু – পিত্ত – কফ – মুত্র – মল – মজ্জা! এই তো! এই তো ভেতরের সত্য সবারই মতন তোমাদেরও। কেন বোঝনি? কেন বোঝনা তোমরা নারী? কেন হতে চাওনা মননের সঙ্গী! চেতনার সহচরী! বোধের বান্ধব! প্রিয় শিষ্যা! – আমি তো খুঁজেছি তাকেই, খুঁজে গেছে জীবনের সব জটিল পথের বাঁকে। কৃষ্ণের আকণ্ঠ তৃষ্ণা...

কৃষ্ণা!! পাঞ্চালি! তুমি এই অবেলায় কেন আসো আমার ভাবনায়? আমি ভাবতে চাই না তোমাকে। তুমি আমার গোপন কামনা নও, তুমি নিতান্ত ভোগ্যা রমণীই নও, তুমি বন্ধু, মিত্র আমি তোমার – প্রিয় সখা। নীতি, জ্ঞান, বিজ্ঞান, ধর্ম, বিদ্যা,

কলা কৃষ্টির মননে তুমি হতে পারতে আমার মর্ম সহচরী, কিন্তু আরও বড় এক রাজনৈতিক উদ্দেশ্য সাধন যজ্ঞে তোমার আহুতি ছিল অনিবার্য, মর্মান্তিক। যাও, যাও পাঞ্চালি, চলে যাও... আর ভাবতে চাই না তোমায়।

হে বিস্তৃত অরণ্যানি, কুলায় কলরবকারী পাখির দল...সত্য বল, সত্য বল তো – এ জীবন, এই যে জীবন অতিক্রান্ত হয়ে গেলো যুদ্ধে, প্রেমে, ক্রোধে ও বিলাসে, রাজনীতি আর কূটনীতির গ্রন্থিতে ভরা বক্রতাময় কুটিল এ জীবন কী হতে পারতো না অন্যরকম, সেই নিরভিমান যমুনার মত?

কথক।। না! না না, তা কি করে সম্ভব!মনে করে দেখো কিশোর বয়সের রাখাল রাখাল খেলা তখন আর তোমায় তেমন টানছিল না। শরীরে তারুণ্যের উদ্যম, রক্তে বিপ্লবের খরস্রোত, সমস্ত প্রাচীন প্রথা, জমে থাকা সব অচলায়তন চূর্ণ করার জন্য ভেতরে ভেতরে শপথ নিচ্ছে আগতপ্রায় যৌবন। তুমি তখন আর শান্ত যমুনার তীরে সবুজ গোকুলের মন্থরতায় তৃপ্ত নও। স্বপ্ন দেখছ নববর্ষ সম্বলিত এক অটুট জম্বুদ্বীপ, অখণ্ড ভারতবর্ষের থেকেও বৃহত্তর। ভীষন প্রয়োজন ছিল ঐ সুদূর ইলাবৃত বর্ষের দক্ষিণ পশ্চিমে অন্তরীক্ষ নামক স্থানে বসবাসকারী শ্রেষ্ঠ শক্তিধর জাতি যারা কি না দীর্ঘদিন ধরে দেবতা নামে অভিহিত, তাদের সাথে নিজেদের সমতা বিধান করা। আর তাই তোমার প্রথম পদক্ষেপ, "ইন্দ্রপুজা বন্ধ কর"। মনে আছে? পিতা নন্দরাজ বিদ্যুতাহতের মত হতচকিত হয়ে বলেছিলেন- "কি বলছ পুত্র? তোমার এরকম মতবিরোধিতার কি কারন? এই জনপদের, এই গোকুলের, প্রতিটি মানুষ সম্বৎসর কাল যার প্রতীক্ষায় থাকে, প্রত্যেক গোপালকের হার্দিক প্রীতি জড়িয়ে আছে যে উৎসবের সাথে সেই ইন্দ্র পুজা আমি তোমার কথায় বন্ধ করে দেবো? কিভাবে? গোষ্ঠী অধিপতি রুপে আমার দায়িত্ব তোমার থেকে কিঞ্চিৎ বেশী কৃষ্ণ। আমি জানি তুমি অঘটন-ঘটনপটু,

ছোটবেলা থেকেই নানান আশ্চর্য কার্যাবলীর নায়ক তুমি। তবু বল এই ইন্দ্রপুজার সঙ্গে তোমার কিসের বিরোধ? কেন তুমি এই দীর্ঘকালীন শুভ অনুষ্ঠানের বিরুদ্ধাচরন করছো?”

কৃষ্ণ।। যদি বলি আত্মম্ভরিতা পিতা! এই অন্তিম সময়ে এসে জীবনের আর সামান্য কিছু মুহূর্ত গণনা করতে করতে আমার কিশোর বয়সের সেই অনভিজ্ঞতার উল্লম্ফন বড় অকারণ মনে হয়। অকারণ মনে হয় ঐ প্রতিবাদ। আমি গড়তে চেয়েছিলাম এক বৃহত্তর ভারতবর্ষ, নববর্ষ সম্বলিত এক বৃহৎ সংগঠিত জম্বুদ্বীপ। আর তাই ভাঙতে চেয়েছিলাম, মানুষের মনে ক্রমশ গড়ে ওঠা এক অন্ধবিশ্বাস। আমার প্রবল আত্মবিশ্বাস, আর তথাকথিত দৈবী শক্তি দিয়ে সকলকে মোহান্তরিত করে মানব ধর্মকে মহিমান্বিত করতে চেয়েছিলাম। সেই সময়ের প্রেক্ষাপটে আমি কি ছিলাম না, সৎ, স্বচ্ছ, প্রতিবাদী?

কথক।। -তাই কি? সৎ! ইন্দ্র পুজা তো বন্ধ হল... তাতে কি হল কৃষ্ণ? পেরেছিলে কি এই প্রতিবাদের ব্যাপ্তিকে ছড়িয়ে দিতে? তোমার বিপ্লবের মন্ত্র প্রতিটা যাদবের হৃদয়ে ধ্বনিত করতে? তোমার বিপ্লবী আগুনের ছোঁয়ায় আপামর ব্রজবাসীর চিরকালীন শীতঘুম ভাঙিয়ে দিতে? একঘেয়ে স্যাঁতস্যাঁতে জীবন থেকে টেনে বের করে তাদেরকে জাগ্রত করতে, উজাগর করতে? তাদের মানবতার পূজারী করে তুলতে? না। পারোনি পুরুষ শ্রেষ্ঠ, পারোনি। আর তারই প্রমাণ, প্রভাসের বেলাভূমিতে ভেসে থাকা পচা গলা অযুত যাদবের মৃত দেহ। যা ফেলে তুমি পালিয়ে এসেছ এই জনহীন অরণ্যে একাকী।পলাতক! উন্মাদ পুরুষ তুমি! তোমার উন্মাদনায় সাধিত করেছ লক্ষ কর্ম। বিনা ভ্রূভঙ্গিতে ছুটে বেড়িয়েছ ভারতবর্ষের এ পার থেকে ও পার। উড়তে চেয়েছ খেচরের মত, যাত্রাপথ সংক্ষিপ্ত করতে।

দিকপালদের মত ধারণ করতে চেয়েছ বিশ্বভার। দীর্ণ হয়েছ ভেতরে ভেতরে, চুর্ণ-বিচূর্ন হয়েছ, পিষ্ট হয়েছ। তবু বুঝতে দাওনি কাউকে, প্রতি মুহুর্তে মুখে মাখিয়ে রেখেছ তোমার যাদুকরী মোহন হাসি। অধরং মধুরং, হাসিতং মধুরং....সকলকে বোঝাতে চেয়েছ তুমি স্বয়ং অনন্য, দুরন্ত, অদ্ভুত, নির্ভয়... হা হা হা... হাসো হাসো কৃষ্ণ... হাসো... যে মিথ্যা তুমি বিশ্বাস করতে চেয়েছ, সেই মিথ্যা একান্তে নিজের কাছে প্রকাশিত করে, নগ্ন করো নিজেকে! হাসো ঈশ্বর। নির্ভয়? তুমি, তুমি নির্ভয়? তুমি, যে ভীত নিজের স্বজনদের জন্য, যাদব কুলের ভবিষ্যতের জন্য, নিজের মাতা-পিতা-বান্ধব সকলের জন্য, নিজের পরিবারের জন্য, এমনকি হ্যাঁ ঈশ্বর, নিজের জন্যেও ভীত! নইলে বল, কেন পালিয়েছিলে মথুরা ছেড়ে? সমগ্র যাদব কুলকে কেন চলে যেতে হয়েছিল গোকুল ছেড়ে? বল, বল ঈশ্বর, বল...

কৃষ্ণ।। জরাসন্ধ। ক্ষত্রিয় শ্রেষ্ঠ বীর, মগধাধিপতি। কুলপ্লাবনকারি তরঙ্গের মত বিশাল সৈন্য বাহিনী তার। সম্মুখ যুদ্ধে প্রকৃত যোদ্ধার মত ক্ষত্রিয় সাধারণ নীতি অনুসরন করে তাকে হত্যা বা পরাজিত করা আমার মত জগত পুরুষের পক্ষেও ছিল অসম্ভব। তোমার অমিত পরাক্রমেই তো বদলে দিয়েছিল যাদব জীবন, পরিবর্তিত হয়েছে ঠিকানা। তোমাকে নিধন করতে বিস্তার করতে হয়েছে কত কত জাল। ঘাঁটতে হয়েছে কত কত কূটনীতির পাঁক। না না না... রাজনীতির পাঠশালায় সে সব ছলনা নয়!আমার এই কিংবদন্তী জীবন, অগাধ জলোচ্ছাসের মত ঘটনাবহুল জীবন, তার মাঝে জরাসন্ধ... আজ বলি ভীত ছিলাম, ঈর্ষা করতাম তোমার শক্তিকে। রণোন্মত্ত হস্তীর মদমত্ত নৃত্যের মত তোমার জয়োল্লাস যাত্রা মন্ত্রমুগ্ধের মত প্রত্যক্ষ করেছি, ক্রুদ্ধ হয়েছি, আবার আনন্দও পেয়েছি তোমার রাজকীয় উল্লম্ফনে, তোমার ক্ষাত্রবীর্যের অহংকারে, কিন্তু সেই সব বোধ জানো মগধাধিপতি, সব বোধ অতিক্রম করে বুকে জাগতো এক

দুঃসহ অদম্য নিরাপত্তাহীনতা। হ্যাঁ। আমার বংশ, কুল, পিতা - পিতৃব্য, ভ্রাতা - ভগিনী, প্রজা সাধারণ, নগরের প্রতিটি গৃহবধূ এবং নগর বেশ্যাদের জন্যেও এক বিশাল নিরাপত্তাহীনতায় দোদুল্যমান হয়ে থাকতো মন। আমার চেয়ে বেশী আর কে জানে - আমার তথাকথিত দেবত্বের আড়ালে মানবিক ব্যার্থতার রক্তাক্ত দিনযাপনের কথা, সেই একান্ত গহন মুহুর্তগুলো! আমার মহিমান্বিত মহান জীবনে জরাসন্ধ যেন এক মূর্তিমান পদাঘাত, যার ক্লেদাক্ত যন্ত্রণা আমাকে স্বছন্দ হতে দেয়নি কখনও। বারংবার আমার সত্ত্বার দ্বৈত মেরুকরণের পরস্পর বিরোধী আকর্ষনের ফলে আমি নিজেই তো হয়ে উঠেছিলাম আত্মনিপীড়ক। সাধারণ জনের আরোপিত ঈশ্বরত্ব, সেই হেতু বদলে যাওয়া আমার ব্যবহারিক জীবন, আর অন্যদিকে আমার অন্তরের স্বাধীন ইচ্ছা, মুক্তির অদম্য বাসনা, এই দুইয়ের সংঘাতে, আমি মানুষটা ছিলাম ক্ষতবিক্ষত...

কথক।। ক্ষত-বিক্ষত, টুকরো-টুকরো, অসম্পুর্ন ছিন্ন-ভিন্ন মানুষ একটা।

কৃষ্ণ।। আমি অক্ষয়কাল, আমিই বিধাতা!

কথক।। তুমি ক্ষুদ্রাতিক্ষুদ্র মানব সন্তান...

কৃষ্ণ।। আমি শাশ্বত পুরুষ, বাক্‌মধ্যে আমি একাক্ষর

কথক।। তুমি দুরন্ত চঞ্চল বালক...

কৃষ্ণ।। আমি বজ্র, আমি আদি, মধ্য এবং অন্ত!

কথক।। তুমি ভ্রান্ত, তুমি লক্ষ্যহীন, দিশাহীন পথিক।

কৃষ্ণ।। আমি প্রভু, আশ্রয়, শরণ, সৃষ্টি এবং প্রলয়!

কথক।। তুমি একা, একা, একাকী বাঁশুড়িয়া।

কৃষ্ণ।। আমি সর্বভূতে সমাসীন, আমি সুর্য চন্দ্র বিষ্ণু!

কথক।। তুমি ব্যাস্ত রাখাল, গোবৎসদের প্রতি...

কৃষ্ণ।। স্থাবর মধ্যে হিমালয়, আমিই তেজ!

কথক।। তুমি এলোমেলো, বেহিসেবী তরুণ প্রেমিক।

কৃষ্ণ।। আমি স্বয়ং চতুর্বেদ! আমি জীবন! আমি মৃত্যু!

কথক।। তুমি বড়, বড়, বড় সাধারণ।

কৃষ্ণ।। আমি পবন! বৃহস্পতি! আমিই বরুণ!

কথক।। তোমার হৃদয়ে ক্লিষ্ট বাসনা, তীব্র কামনার আগুন!

কৃষ্ণ।। আমি দণ্ড...আমি মৌন...আমিই নীতি!

কথক।। তুমি ভিখারী, তুমি ভিক্ষুক!

কৃষ্ণ।। আমি সর্ব যজ্ঞের ভোক্তা, সর্ব লোকের মহেশ্বর!

কথক।। তুমি খল, ক্রূর, কপট, চতুর।

কৃষ্ণ।। আমি গায়ত্রী, আমি সংগ্রাম তথা বিজয়!

কথক।। তুমি নিষ্ঠুর, হঠকারী ঘাতক।

কৃষ্ণ।। আমি বর্ষ, আমিই যজ্ঞ, আমি মন্ত্র, আমিই সৎ!

কথক।। অসৎ...অসৎ...তুমি অসৎ।

কৃষ্ণ।। আমি সোহম! স্ব অহম! আমিই সেই!

কথক।। হ্যাঁ হ্যাঁ... তুমিই সেই, তুমিই সেই প্রতারক। যে নিজেকে বলেছে সমদর্শী। যার প্রিয় বা অপ্রিয় কেউই নেই। তুমি না কি উদাসীন, অনাসক্ত, তাই? শ্রীকৃষ্ণ তাই? খল, শপথ ভঙ্গকারী তুমি। ভারত যুদ্ধে অস্ত্র স্পর্শ করবে না, এই বাক্যবন্ধের পরেও তোমার কূটবুদ্ধি, তোমার ক্রূরতা উদ্যত হয়েছিল কুরুকুলতিলক ভীষ্মের প্রতি অস্ত্র হস্তে। ধিক ধিক তোমায় কৃষ্ণ। যে মহাত্মা ভীষ্মের অপমানে প্রতিবাদী হয়ে উঠেছিলে তুমি, চক্র তুলে নিয়েছিলে হাতে, তাঁর মৃত্যুর উপায় জানতে ষড়যন্ত্র রচনা করেছ, মন্ত্রণা দিয়েছ তুমি, এই তো তোমার দেবত্ব..ধিক্!

কৃষ্ণ।। আঃ... মৃত্যু সন্নিকট ক্ষণে উদাসীনতার ধ্যান থেকে আর চ্যুত কোরোনা আমায় স্মৃতি, চিন্তাজাল। আমার আজীবনের কর্ম স্মরণ করে আর আত্মগর্বে স্ফীত হয়না এই জর্জরিত হৃদয়। আমি নই ঈশ্বর, আমি নই দেবতা... একান্তে অন্তিমের এই অবেলায় আমার ঐশ্বরিকতাকে হত্যা করতে ইচ্ছা হয়। আমি নই ঈশ্বর। হয়তো ঈশ্বরের ভুমিকাভিনেতা এক সাধারণ মানুষ, যাকে গড়ে তুলতে হয় গার্হস্থ্য সংসার, প্রতিপালিত করতে হয় বংশধরদের, ভীত হতে হয় শত্রু আক্রমণে, দক্ষ কিতবের মত হিসেবি হতে হয়, অপমানিত হতে হয় স্বজনদের দ্বারা... হ্যাঁ। কৃতবর্মা, যাদব বীর কি অবলীলায় আমাকে বলেছিল, "শঠ, প্রতারক তুমি কৃষ্ণ!"। তোমার ঘৃণা কত বেশী সত্য ছিল ঐ কবি গোঁসাইদের ভক্তির থেকে। কি দুর্নিবার বিষ বর্ষিত হচ্ছিল তোমার চোখের আগুনে। প্রভাসের বেলা ভূমিতে অযুত যাদবদের মদ্যপান, অবক্ষয়, মত্ততা, তার দায় আমি এড়াই কিভাবে। আমি কি অন্যায় করিনি যুদ্ধের পূর্বে। স্ফীতবুদ্ধি দুর্যোধনের পক্ষে দান করেছিলাম বিশাল নারায়ণী সেনা। আমি তো জানতাম কুরুক্ষেত্রের মহা সংগ্রামে তারা সকলেই কালপ্রাপ্ত হবেন, নিহত হবেন... জানতাম না? সব জেনেও এক মুহুর্তের মধ্যে নিশ্চিত করে দিয়েছিলাম ভবিষ্যতে এক অক্ষৌহিণী বিধবাকুল... তাদের নৈতিক পতন তো অবশ্যম্ভাবী, অনিবার্য। আমার আত্মতুষ্টি, অতিমানিতা, অভিমান আজ আপনার অভিশাপকে বাস্তবায়িত করতে সক্ষম করেছে মাতা, মাতা গান্ধারী। আগে থেকে জানা কোন ঘটনা যখন দৃষ্টির সম্মুখে ঘটমান হয়, তখন তার যে জ্বালা তা তো সব নির্লিপ্তিকেই দাহ করে। আমার সবটুকু দিয়ে যা আমিই রক্ষা করতে চেয়েছিলাম বরাবর, সেই যাদব বংশ, যাদব গৌরব... সেই যদু বংশ আত্ম-কলহে মৃত। আমার হৃদয় চাইছে আমার দূরদর্শন বোধকে চাপা দিয়ে আমার দ্রষ্টা শক্তিকে সৎকার করতে। আমি আর জানতে চাই না ভবিষ্যৎ, আমি আর দেখতে

চাই না কিছু, আমি আর ভাবতে চাই না যাদব কুলবধূদের পরিণাম... আমি আর বুঝতে চাই না পথে ঘাটে ছড়ানো পথ কুক্কুরদের ন্যায় নারী লোলুপ দস্যু দলের কথা, আমি অনুভব করতে চাই না... বৃদ্ধ অর্জুনের ক্রমহ্রাসমান শক্তির কথা, কল্পনা করতে চাই না কোন পরিণাম। যে মহা শ্মশানের দুঃস্বপ্ন আমায় উথাল পাথাল করেছে দীর্ঘ ছত্রিশ বছর ধরে, আজ সর্ব যাদব সলিল সমাধি মুছিয়ে দিয়ে গেলো সেই একক রাত্রি যাপনের কষ্ট আর যন্ত্রণার ক্লেদ...

নিয়তি কে ন বধ্যতে। আমার মানবিক সামর্থ্যের সীমাবদ্ধ শক্তি দিয়ে আমি যথাসাধ্য চেষ্টা করেছিলাম যথাবিহিত কর্তব্য কর্মে। হয়তো আমি অসফল। কিম্বা সফল... জানি না। মূল্যায়ন কোরো ভবিষ্যতের মানুষ, মূল্যায়ন কোরো তুমি ভারতবর্ষ; বড় ক্লান্তি... বড় ক্লান্ত আজ... এসো নিদ্রা... যোগমায়া! ভাসাও তোমার ছায়া তরণী, নিয়ে চলো স্তব্ধতার পরপারে আমায়। ভালো থেকো পৃথিবী, ভালো থেকো ভারতবর্ষ, ভালো থেকো ঈশ্বর... আর এই মানুষটা যে চিরকাল অকারণ অভিনয় করে গেলো তোমার চরিত্রে, ক্ষমা করো তাকে।

এসো রাধা... আরাধিকা... পূর্ণ করো আমায়।

বাসাংসি জীর্ণানি যথা বিহায়
নবানি গৃহ্ণাতি নরোহপরাণি ।
তথা শরীরাণি বিহায় জীর্ণান্যন্যানি
সংযাতি নবানি দেহী ।।